주일성수와 기도의 대통령
아이젠하워

주일성수와 기도의 대통령
아이젠하워

| 초판 인쇄 | 2010년 03월 25일 |
| 2쇄 발행 | 2014년 11월 20일 |

지 은 이	이채윤
펴 낸 곳	수엔터테인먼트
발 행 인	최남철
사 진	ⓒCorbis/Topic
총 판	생명의 말씀사
출판등록	제 306-2004-8호
주 소	서울시 중랑구 망우본동 134-5
전 화	Tel (02)792-4992

ISBN 978-89-955743-8-6

값 11,000원

이책은 수엔터테인먼트사가 저작권자와의 계약에 따라 발행한 것이므로
이 책의 내용을 이용하시려면 반드시 저자와 본사의 허락을 받아야 합니다

잘못된 책은 구입처에서 교환하여 드립니다.

주일성수와 기도의 대통령
아이젠하워

이채윤 지음

수엔터테인먼트

책을 열면서

　19세기가 끝나갈 무렵, 서로 적이 되어 제2차 세계대전을 치르게 될 두 인물이 태어난다. 한 사람의 이름은 드와이트 데이비드 아이젠하워Dwight David Eisenhower, 1890~1969이고 다른 한 사람은 아돌프 히틀러다. 아이젠하워가 1890년 11월 14일생이고 히틀러가 1889년 4월 10일생이니 두 사람은 거의 동갑내기다. 두 사람은 자라난 환경이 달랐기 때문에 보고 배운 것, 생각하는 것 또한 아주 판이했다. 그래서 훗날 아주 다른 삶의 궤적을 그리며 살고, 인류사에 선과 악의 명백한 표상을 남기게 된다.

　먼저 아돌프 히틀러의 탄생과 성장 배경을 살펴보자. 그는 오스트리아의 빈에서 세관원의 아들로 태어났다. 히틀러의 부모는 사촌남매였기 때문에 축복받지 못한 부부였다. 히틀러가 실업학교 2학년인

14살 때 아버지가 세상을 떠났고, 18살 때 어머니마저 세상을 떠나면서 그는 알코올중독자인 숙모와 함께 청소년 시절을 보냈다.

실업학교를 다니던 소년 히틀러는 화가의 꿈을 키웠으나 계속 실패의 쓴잔을 마셨다. 그 후 독신자합숙소에서 숙박하면서 자신이 그린 그림을 팔아서 겨우 연명하다가 결국 독일 군대에 들어갔다. 제1차 세계대전에 참전한 그는 독일이 패한 후 정치계에 투신하여 극렬분자가 된다. 반란음모에 참여했다가 투옥되어 다시는 정치계에 나서지 않겠다는 서약을 하고 감형 출옥의 혜택을 받았으나, 더욱 맹렬히 정치활동을 했다.

웅변에 능한 그는 그 힘으로, 결국 1933년 독일 총통이 되었다. 명실상부한 독일의 독재자가 된 그는 민주공화제 시대에 비축된 국력을 이용하여 국가의 발전을 꾀했고 재건된 경제를 바탕으로 군비를 확장하여 독일을 파시스트 전제주의 국가로 변모시켰다. 그로 인해 독일과 전 세계가 또 다시 제2차 세계대전에 휘말렸고, 오늘날까지도 수많은 인류가 그가 내뿜는 독기의 후유증을 앓고 있다.

그러면 다른 한 사람의 삶은 어떠했을까? 다른 한 사람인 아이젠하워는 미국 텍사스에서 태어났다. 그는 비록 가난했지만 신앙심 깊은 부모의 사랑을 흡족히 받으며 자라났다. 아버지는 소년에게 하나님을 두려워하라는 가르침을 주었고, 그런 가르침에 따라 가족 모두가 교회의 가장 적극적인 봉사자가 되었다. 아이젠하워는 장성한 후에도 온 가족이 무릎을 꿇고 간곡하게 기도하던 매일 저녁을 기억하고 있었다.

청년이 되어 군대에 흥미를 느낀 아이젠하워는 웨스트포인트 사관학교에 입학한 후 졸업과 동시에 임관해서 직업군인의 길을 걷기 시작했다. 그는 장교로서 두각을 나타내지 못하고 16년 동안이나 소령으로 있으면서 진급을 하지 못했다. 그러나 조급해하기보다 때를 기다리는 자세로 본연의 임무에 충실했고 그런 의연한 자세와 겸허한 마음가짐은 훗날 뛰어난 리더십으로 만개하게 된다.

1944년 6월 6일, 히틀러와 아이젠하워는 마침내 유럽 전선에서 최후의 결전을 벌이게 된다. 연합군 사령관이 된 아이젠하워는 세계 전쟁 사상 최대의 작전이라고 평가받는 노르망디 상륙작전을 지휘하고 있었다. 288만의 연합군과 1만 3,700대의 전투기, 9천여 척의 군함이 총동원된 전투였다. 아이젠하워는 이 상륙작전에서 성공을 거두고 히틀러가 있는 베를린을 향해 파죽지세로 전진했다. 11개월에 걸쳐 히틀러는 아이젠하워의 연합군과 맞서 싸웠으나 전세는 이미 기울어 있었다. 마침내 히틀러는 1945년 4월 30일 지하 방공대피소에서 자살했고, 이 소식을 접한 전 세계는 아이젠하워에게 박수갈채를 보냈다.

히틀러가 비극적으로 삶을 마감한 이후 아이젠하워는 제2차 세계 대전을 승리로 이끈 영웅으로 떠올랐다. 그때부터 그는 제2의 인생을 살면서 생의 절정기를 만난다. 그는 국민들에게 영웅으로 받들어지며 군인에서 정치인으로 변신한 후 2차례나 대통령에 당선해서 미국을 세계 최강국으로 도약시킨다.

밝고 포용력이 있는 성격의 소유자였던 그는 아이크_{Ike}라는 애칭으로 불리며 세계인의 사랑을 받다가 1969년 80세의 일기를 끝으로 평화롭게 눈을 감았다. 그가 눈을 감은 그날 전 세계가 그의 죽음을 애도했다.

두 사람의 이야기는 자라난 환경이 아이에게 미치는 영향이 얼마나 큰 것인가를 대변해 주고 있다. 그렇다고 아이젠하워의 인생이 마냥 축복받은 듯 탄탄대로를 걸었던 것은 아니다. 가난한 집안에서 태어난 그에게는 좌절할 수밖에 없을 정도로 힘들었던 나날도 많았다. 그때마다 그는 타고난 성실성과 온화한 성품, 건실한 신앙의 힘으로 위기를 극복하며 대기만성의 꿈을 이루어냈다.

이 책은 아이젠하워가 투철한 신앙심으로 어려움을 이겨내며 자신의 꿈을 이루어나간 과정에 대한 기록이다.

이채윤

차례

책을 열면서 • 04

가난한 오두막집 소년

가난을 안고 태어난 아이 • 12 / 어머니는 사랑의 지도 교수 • 19 / 무뚝뚝하고 고지식한 아버지 • 28 / 싸움에 대한 특별한 기억 • 32 / 신앙이 깊은 가정교육 • 35

새로운 세계에 눈을 뜬 청년 아이크

아이젠하워 형제는 싸움꾼 • 42 / 운동협회 회장이 되다 • 47 / 제발 다리는 자르지 마세요 • 51 / 새로운 세계에 대한 인식 • 58 / 에드가 형을 위하여 • 61 / 꿈에 그리던 웨스트포인트로 • 65 / 평범한 육사생도 • 69 / 돌진하는 하프백 • 72 / 응원단장 아이크 • 78 / 보병 소위, 결혼하다 • 81

길고 긴 인내의 삶

만년 소령 • 90 / 맥아더 장군과의 인연 • 98 / 생의 터닝포인트, 전쟁기획부 • 102 / 마샬의 신뢰 • 108 / 유럽 주둔 미군사령관 • 116 / 야전군 사령관이 되다 • 128 / 오랜 친구 패튼 장군 • 134 / 연합군 최고사령관 • 138

 **사상 최대의 작전을 이끌다**

노르망디, 운명의 시간 •146 / 기도로 시작된 노르망디 상륙작전 •154 / 유럽을 탈환하다 •158 / 오, 나의 어머니 •165 / 부대원들에 대한 배려 •168

 **최고의 영웅, 대통령이 되다**

개선장군 •176 / 화려한 귀향 •181 / 아이젠하워를 백악관으로! •185 / 유럽의 십자군, 최고의 영웅 •189 / 나는 아이크를 사랑해! •192 / 34대 미국 대통령, 아이크 •195 / 한국방문 약속을 지키다 •199 / 한국과의 특별한 인연 •205 / 골프광 •212

 **아이크가 남긴 것**

부드러운 통합의 리더십 •218 / 집권 8년 동안의 업적 •225 / 국가조찬 기도회 •231 / 하나님을 만날 준비 •234

아이젠하워 연보 •239

Dwight David Eisenhower

가난한 오두막집 소년

사람이 자신의 두뇌와 준비된 실력과 기술을 다 바쳐
무슨 일을 한 다음에는 전능하신 하나님의 손에 맡겨야 한다.
그것을 이루시는 분은 하나님이시기 때문이다.

- 드와이트 D. 아이젠하워 -

1장

Dwight David Eisenhower

가난을 안고 태어난 아이

아이젠하워는 1890년 11월 14일 텍사스의 테니슨 Tennyson에서 태어났다. 아버지 데이비드 제이콥 아이젠하워 David Jacob Eisenhower와 어머니 아이다 엘리자베스 스토버 Ida Elizabeth Stover 사이에서 태어난 일곱 아들 중 셋째 아들이었다. 드와이트라는 그의 이름은 독실한 기독교도였던 그의 부모가 유명한 복음전도사 드와이트 무디 Dwight Moody의 이름에서 따온 것이다.

아이젠하워가 태어난 그날 밤, 아버지는 할아버지에게서 물려받은 독일어 성경에 멋진 필체로 다음과 같이 새 이름을 적어 넣었다.

데이비드 드와이트 아이젠하워, 1890년 10월 14일, 텍사스 주 테니슨에서 태어남 성경에 태어난 아이의 이름을 적어 넣은 것이 아이젠하워 집안의 전통이었던 것이다. 아이젠하워 집안 사람들은 이 아이의 탄생에 특별한 느낌을 갖지 못했다. 이미 그들 부부에게는 두 아들이 있었고 당시 미국의 농촌 지역에서는 새로 아기가 태어나면 무척 건강하고 튼튼하다는 것을 하나님께 감사하는 것이 고작이었다. 앞으로 살아나가는 데 무엇보다도 필요하다고 생각되는 것이 바로 건강이었기 때문이다.

아이젠하워의 조상은 독일인이었다. 그들은 독일의 라인강 유역에 사는 메노나이트Mennonites파에 속했는데, 17세기부터 메노나이트파는 이교도로 간주되어 배척과 핍박을 받았다. 당시 아이젠하워의 조상은 이러한 종교적 박해를 피해서 스위스로 이주했으나 그곳에서의 생활이 여의치 않자 1741년 미국으로 이민을 떠났다. 그들이 자리 잡은 곳은 펜실베이니아였다.

할아버지인 야콥 아이젠하워는 메노나이트파 한 분파의 수장이자 목회자였다. 메노나이트는 16세기 종교개혁기에 등장한 개신교 종파다. 폭력에 반대하는 비폭력주의를 주장하고 모든 그리스도인은 평화를 위해서 일하도록 부름을 받았다는 평화주의가 이 종파의 특색이다. 1878년 서부 개척의 시대를 맞이해서 야콥 아이젠하워가 이끄는 많은 교도들이 펜실베이니아를 떠나 머나먼 켄터키 주로 이주했다. 그들은 스모키힐강 남쪽 기슭의 비옥한 토지에 터를 잡았다. 이들을 형제교회의 리버 형제파라고 했는데, 그들이 스모키힐강에서 침례를 베풀었기 때문이었다.

그때 아이젠하워의 아버지인 데이비드 야콥 아이젠하워는 열네 살의 소년이었다. 당시 아이젠하워 가족의 주요 수입원은 농작물이었기 때문에 농장에서 더 많은 수확물을 거두기 위해, 온 가족이 일찍 일어나서 날이 어두워질 때까지 일을 해야만 했다. 그러나 데이비드는 대학에 가기를 원했다. 그의 부모도 아들이 대학을 나와 힘든 농사일에서 벗어나기를 원했으므로 힘든 가운데에서도 아들을 대학에 보내기로 결정했다. 1883년 스무 살이 된 데이비드는 캔자스에서 유일한 대학인 레인대학교에 입학했고 그곳에서 역학, 수학, 그리스 문학, 수사학, 공학 등 다양한 과목을 공부했다.

데이비드는 대학 2학년 때, 스물두 살의 아이다 스토버를 만났다. 그녀가 바로 아이젠하워의 어머니다. 아이다 스토버의 조상 또한 독일에서 미국으로 이주한 신교도였는데, 그들은 1730년 독일 라민란트에서 버지니아로 이주해 왔다. 아이다의 부모는 그녀가 어렸을 때 세상을 떠났기 때문에 그녀는 열두 살 때부터 오빠들과 함께 외갓집에서 자라야만 했다. 외할아버지는 소박하면서도 검소한 생활을 신조로 살아가는 사람이었다. 당시 여자아이들은 교육을 받지 못하고 자라는 것이 보통이었지만 아이다의 할아버지는 손녀딸에게 성경을 읽게 하고 글을 가르쳤다.

그녀는 총명했고 신앙심이 깊어 대부분의 시간을 책이나 성경을 읽으면서 보냈다. 6개월 동안에 1,365행의 성경 구절을 외워서 교회에서 상을 받은 적도 있었다. 이것은 그녀의 일생에서 가장 명예로운 일이었다. 그녀는 책을 찾아보지 않고도 그것이 어느 구절에 해당하는지 알아맞힐 정도로 성경을 훤히 꿰고 있었다.

아이다는 성경을 읽으면서 하나님이 인간의 목소리를 듣고 그들 각자의 소망에 답을 해주신다는 것을 믿었기에 학교에 가서 공부하고 싶다는 소망을 빌었다. 다행이 아이다에게는 아버지가 물려준 유산이 있었다. 16살이 되자 마침내 소원하던 고등학교를 다닐 수 있었다. 어려운 환경에서 자란 그녀였지만 학교에서의 생활은 무척 즐거웠다. 학교를 졸업한 후 그녀는 시골 아이들에게 읽기, 쓰기, 셈하기를 가르쳤다. 그리고 성인이 되어야 아버지의 유산을 받을 수 있었기 때문에 스물한 살이 되어서야 대학에 갈 수 있었다. 아이다는 600달러라는 큰돈을 들여서 피아노를 샀고, 대학에 가기 위해서 캔자스로 갔다.

그녀가 다니기 시작한 대학이 바로 데이비드가 다니던 레인대학교였다. 학교는 캔자스 주의회 의사당으로 쓰려고 지었던 삼층 건물을 약간 개조하여 실험실과 강의실로 쓰고 있었는데 캔자스에서는 최고의 교육기관이었다. 레인대학교라는 이름은 캔자스 주 출신의 최초 미합중국 상원의원을 기념해서 붙인 것이었다. 그 상원의원이 이 건물에 대학교를 유치하고 학교 설비를 갖추도록 천 달러를 기부금으로 내놓았던 것이다.

학교에 입학하고 보니 아이다는 레인대학교 최초의 여학생이었다.

당시만 해도 미국 사회는 무척이나 보수적이어서 여자들에게는 교육이나 사회 참여의 기회가 별로 주어지지 않았던 것이다. 아이다는 남학생들 사이에서 주눅 들지 않고 씩씩하게 공부했다.

그러던 어느 날 아이다는 포근하고 진지해 보이는 데이비드에게 마음이 끌리고 있다는 사실을 깨달았다. 두 사람이 처음에 만났을 때 데이비드는 아이다보다 1년 4개월이나 어린 총각이었다. 상냥하고 다정다감한 성격인 아이다는 진지하고 엄격한 성품을 지닌 데이비드가 좋았다. 두 사람은 머리카락색이나 눈빛이 아주 정반대였다. 아이다는 금발에 갈색 눈동자를 갖고 있었고, 데이비드는 검은 머리에 검은 눈을 지니고 있었다. 아이다는 미인이라고는 할 수 없었지만 웃음을 지을 때면 묘한 매력을 발산했는데, 데이비드 또한 이런 그녀의 매력에 사로잡혔다.

두 사람은 겉모습으로 보이는 것과는 달리 잘 어울리는 한 쌍이었다. 데이비드는 정말 소년처럼 숫기 없이 머뭇거리며 그녀를 대했고 아이다는 어머니 같은 따뜻한 모성애를 발휘하여 그를 대했다. 두 사람은 선과 악에 대해서는 모두 분명하고도 명쾌한 견해가 있었다. 선한 일을 하는 것이 옳은 일이고, 남에게 해를 끼치는 일은 무조건 그르다는 것이었다. 나아가서 두 사람은 2년 동안의 대학생활을 함께 보낸 뒤 교육이 매우 중요한 것이기는 하지만, 그에 앞서 보다 차원 높은 이상과 목표를 확립하는 것이 훨씬 중요하다는 데 생각을 모았다.

1885년 9월 23일, 데이비드 야콥 아이젠하워와 아이다 스토버는 대학의 부속예배당에서 결혼식을 올렸다. 이 부부의 신혼생활은 아기자기하고 행복했다. 결혼한 후에도 데이비드는 그리스어를 배우는 데 열중했다. 때때로 이웃 사람들이 아이다와 이야기를 나누려고 그들 집에 들렀다가 데이비드가 그리스어 성경을 읽고 있는 모습을 보고 깜짝 놀라곤 했다.

데이비드의 아버지는 아들이 결혼을 하자 160에이커의 넓은 토지와 2천 달러라는 큰돈을 물려주면서 독립적인 농장을 운영할 기반을 마련해 주었다. 그런데 아들은 농사일 대신 사업을 하기로 마음먹었다. 데이비드는 '호프호뜨'라는 간판을 내걸고 잡화점을 열어 장사를 시작했다. 땅과 있는 돈을 모두 털어 넣은 가게였다. 점포는 캔자스로 들어가는 교차로에 위치해 있어서 목이 좋았고, 아내인 아이다의 헌신적인 내조가 있어서 번창하는 듯이 보였다.

하지만 고지식하기만 한 데이비드는 사업 수완이 전혀 없었다. 그는 마음이 약해서 이웃 농사꾼들에게 외상을 주고는 돈을 잘 받아내지 못했다. 마침 캔자스에 흉년이 들어서 농사꾼들이 외상값 갚는 것을 다음 해로 미루자 데이비드는 결국 심한 경영난을 겪었다. 설상가상으로 물건을 싸게 사주겠다는 장사꾼에게 속아서 많은 돈을 건네주고 사기를 당했다.

결국 가게는 물품대금을 청구하는 공급업자들의 독촉장과 청구서 더미만 쌓여갔고 이내 파산하고 말았다. 물려받은 재산을 다 날려버린 그는 분노에 찬 아버지의 호통을 들어야만 했으나 이미 상황은 속수무책이었다. 곤경을 벗어날 유일한 방법은 모든 것을 정리하고 취직을 하는 것뿐이었다. 그는 복잡한 금전 문제는 변호사에게 맡기고 곧바로 텍사스 남쪽에 있는 철도 공작창의 기계공으로 취직한 후 캔자스를 떠나버렸다.

남편이 텍사스로 떠나자 이제 막 둘째 아이를 낳은 아이다는 홀로 남편이 저질러 놓은 일을 감당해야만 했다. 공정하게 계산해서 돈을 지불해 줄 것이라 믿었던 변호사는 아이다에게 돌아갈 몫이 한 푼도 없다고 했다. 변호사도 사기꾼 못지않게 자기 몫만 챙기고 고객을 헌신짝처럼 취급하는 것이었다. 그녀는 변호사의 농간에 속지 않기 위해 스스로 법률 책을 뒤적이며 협잡꾼 같은 그와 어려운 소송까지 벌였지만 소송이 끝나기도 전에 생활고가 겹치면서 고통은 더욱 커져만 갔다. 남편이 보내주는 쥐꼬리만 한 돈으로는 살 수가 없었다.

하는 수 없이 그녀는 두 아들을 데리고 남편이 있는 텍사스로 떠났다. 남편이 사는 곳은 집이라고 할 수도 없는, 겨우 모양만 갖춘 오막살이였다. 아이다는 그곳에서 셋째 아들을 낳았는데, 그가 바로 드와이트 데이비드 아이젠하워다.

Dwight David Eisenhower

어머니는 사랑의 지도교수

　　1891년 봄, 아이젠하워가 한 살이 되기 전에 그의 가족은 캔자스 주 아빌렌으로 이사를 했다. 아버지가 다니던 유니온 퍼시픽 철도회사가 캔자스와 텍사스 구간의 노선을 개설했기 때문이었다. 아빌렌은 그의 선조들이 메노나이트교파의 일원으로 정착했던 곳이다. 아버지의 월급은 40달러도 안 되는 아주 낮은 임금이라서 아이젠하워의 집안은 겨우 끼니를 이어갈 정도로 가난했다. 그런데도 아버지 데이비드는 기계나 도구를 만지고 수선하는 일이 언제나 신나고 재미있었다.

　　어머니 아이다는 아이젠하워를 포함해서 모두 일곱 명의 아들을 낳았다. 그 가운데 한 명은 어렸을 때 병으로 죽었고 나머지 여섯 아이는 모두 건강하게 잘 자랐다. 수입은 적은데 여섯 아이까지 양육해야 했으니 그 어려움이란 이루 말할 수가 없었다. 아이젠하워 가족이 아빌렌으로 이주해 들어온 후 처음 몇 년 동안이 가장 어렵고 힘든 시기였다. 그들은 철도변의 조그마한 오두막집에서 살았는데, 침대도 들여놓을 수 없는 좁은 공간에서 서로 몸을 부대끼며 살아야 했다.

가난하기는 했지만 아이젠하워의 부모는 정성을 다해 여섯 아이를 돌보았다. 그들은 아이들을 엄하게 교육시켰는데, 특히 어머니는 아이들에게 정직과 성실 그리고 진취성을 강조했다. 다행히 아들 모두 온순하고 착해서 어머니의 가르침을 잘 따랐다.

성경은 아이다에게 적절한 시기가 오면 이 세상의 모든 일이 주님의 뜻에 따라 완전하게 다스려지며 완벽한 평화가 깃들 것이라고 약속했고 그녀는 이것을 절대적으로 믿고 희망을 잃지 않으면서 아이들을 키우는 데 전념했다.

그러던 어느 날 데이비드의 누이동생인 아만다의 남편이 찾아왔다. 그는 크림 공장의 간부로 일하고 있었다.

"형님, 그 적은 월급을 받고 어떻게 이 많은 아이들을 키웁니까? 우리 공장으로 오세요. 우리 공장에서 기계를 다루고 수선해 줄 사람을 구하고 있으니까요."

데이비드는 그의 제의를 받아들여 직장을 옮겼다. 새로운 직장의 임금이 아주 후한 것은 아니었지만 전에 다니던 철도회사보다는 꽤 많아서 그런대로 살림 형편이 나아졌다. 이 무렵 데이비드의 동생인 아브라함이 그들 가족의 주거환경을 바꿀 좋은 기회를 만들어주었다. 수의사 일을 하고 있던 그가 다른 고장으로 이사를 가면서 자기가 살던 집을 싼값에 빌려주었던 것이다. 아주 큰 집은 아니었지만 2층짜리 등나무 집에는 3에이커나 되는 넓은 정원이 딸려 있었다. 처음으로 아이들이 뛰어놀 수 있는 큰 마당이 생긴 것이다. 그 집은 흰색으로 페인트가 칠해 있었고, 높은 지붕과 멋진 현관도 있었다. 집 부근에는 울창한 숲이 있었고 맑은 물이 흐르는 작은 개울도 있었다. 아이들은 그 개울에서 헤엄도 치고 물고기도 잡으면서 즐겁게 놀았다.

어머니 아이다는 살림살이에 신나고 아이들을 훌륭하게 키울 설계를 하며 꿈에 부풀었다. 거실에는 밝고 환한 벽지를 바르고 바닥에는 카펫을 깔았으며 소파에는 멋진 꽃무늬 커버를 만들어 씌웠다.

아이젠하워 일가는 닭, 오리, 돼지 등을 기르기 시작했고 나중에는 소까지 길렀는데, 어머니는 아이들에게 가축을 기르는 일을 한 몫씩 맡겼다. 마당에는 가축에게 먹일 여러 종류의 채소도 길렀는데 그것을 기르는 일도 아이들 몫이었다. 그녀는 그 일이 가족의 수입을 늘리는 한편 아이들 교육에도 좋은 효과가 있다고 믿고 훈련을 시키듯 아이들을 지휘했다.

아이들은 어머니를 기숙사 사감 선생 같다고 '지도교수'라고 불렀고, 이에 부흥해 그녀는 지도교수로서 생활 곳곳에 규칙을 정했다. 그녀는 아이들에게 완벽에 가까울 정도로 가사 활동을 분배했다. 어떤 아들도 편애하지 않고 모두를 공평하게 대했다. 모든 아들의 개성을 고려했고, 모든 일을 돌아가면서 하도록 했다.

온 가족이 부지런히 일한 덕분에 가족의 재산도 차츰 늘어나서 커다란 곡물창고를 지어야 할 정도가 되었다. 이제 집안에서 배가 고파 칭얼대던 아이들의 소리가 사라졌다. 그래도 여전히 가난했기에 아이들은 낡은 옷을 기워 입어야만 했다. 하지만 어머니는 아이들이 주일에 교회에 갈 때면 언제나 깨끗하고 말끔한 차림으로 차려 입혔다. 그리고 아이들을 완벽하게 자치적이고 자활적인 개체로 성장시키는 일에 더욱 매진했다.

아이들은 바깥에서 하는 일을 좋아했으나 집안일은 하기 싫어했다. 그래서 어머니는 아이들에게 각자 해야 할 일의 몫을 정해서 나누어주고, 아이들에게 바깥일과 집안 내부의 일을 번갈아가면서 교대로 하게 만들었다.

그녀는 새벽 4시 30분만 되면 아이들을 깨웠기 때문에 아이들은 떠지지 않는 눈을 비비며 침대에서 일어나야 했다. 아이들은 순번대로 부엌에 들어가서 아궁이에 불을 지피고, 물통을 들고 다니며 빨래할 물을 길어오고, 가축들의 먹이도 주어야 했다.

셋째 아들인 드와이트는 '아이크'란 애칭으로 불렸는데 무척 개구쟁이였다. 아이크는 집안일이 하기 싫어서 요리조리 도망칠 궁리만 하기 일쑤였지만 어머니는 미리 그것을 알고 항상 그가 빠져나갈 구멍 입구에서 기다리고 있었다. 그러면 아이크는 자기 맘대로 일이 풀리지 않는다고 울고불고 떠들고 고함치며 반항했다. 그러나 어머니에게 용서는 없었다. 아이크가 훗날 군인이 되고 정치인이 되었을 때, 수많은 사람들이 각자 지닌 최대한의 능력을 살릴 수 있도록 적재적소에 효율적으로 배치하고 활용하는 리더십을 발휘할 수 있었던 것은 모두 그의 어머니 덕이었다.

아이크뿐만 아니라 다른 다섯 아이 누구도 자기 할 일을 게을리 하거나 학교 공부를 제대로 하지 않으면 여지없이 벌을 받았다. 어떤 경우에는 아버지 데이비드가 저녁에 집으로 돌아올 때까지 기다렸다가 아버지에게 벌을 받는 경우도 있었다. 그것은 아버지의 권위를 아이들에게 세워주기 위한 어머니의 깊은 배려에서 나온 것이었다. 어머니는 아버지를 대신해서 아이들에게 장래희망이나 공부하는 데 따르는 애로사항, 인생의 의미 등 많은 얘기를 해주었고 아버지와 그를 원망하는 아들 사이의 조정자 역할도 했다. 아이다의 인생 목표는 자신의 아들 모두 정직하고 창조적인 사람이 될 수 있도록 인도하는 것이었다.

아이다는 화를 내는 방법도 남편과 달랐다. 그녀는 남편이 화가 났을 때는 꾹 참고 있다가 남편의 화가 가라앉기를 기다린 후 차분한 목소리로 남편을 이해시키곤 했다.

아이다는 세상에 대한 이해심이 매우 깊은 특별한 여성이었다. 그녀는 평화주의자이면서 또한 보기 드문 진보주의자이기도 했다. 신앙심이 무척 깊어서 일을 하면서도 찬송가를 불렀고 언제나 행복한 가정을 주신 것을 하나님께 감사하며 살았다. 그녀는 이틀에 한 번씩 식구들이 먹을 아홉 덩이의 빵을 구웠는데, 소매를 걷어붙이고 밀가루 반죽을 짓이기면서 이렇게 말하곤 했다.

"사악한 자들에겐 평화가 없는 법이야."

하루는 동네 친구들이 아이크의 집에 모여서 카드놀이를 하게 되었다. 그런데 첫 패를 받아든 아이크가 카드를 내동댕이치며 자신의 패가 형편없이 나쁘다고 소리쳤다.

"첫 번부터 패가 왜 이 모양이야? 다시 하자!"

"그런 법이 어디 있어? 그냥 해!"

친구들이 그렇게 말했지만 아이크는 끝까지 고집을 피웠다.

"다시 하잔 말이야!"

마침 아이들이 마실 것을 들고 방으로 들어오던 아이다가 말했다.

"얘들아, 카드놀이를 하기 전에 내 말을 잘 들어라. 지금 너희가 하는 카드놀이는 앞으로 살아가야 할 너희 인생과 똑같은 것이란다. 카드놀이를 할 때 나쁜 패가 들어올 수 있는 것처럼 살다 보면 힘들고 어려운 순간을 맞을 수 있다. 그럴 때일수록 참고 견디면서 지혜롭게 잘 넘겨야 해. 그러니 너희는 카드놀이를 할 때 패가 어떻든지 그 패를 그대로 가지고 최선을 다해야 한다. 그리고 한 가지 더 명심해야 할 것은 누구에게든 패는 항상 좋게만 들어오지도, 또 항상 나쁘게만 들어오지도 않는다는 것이란다. 너희가 정말로 명심해야 할 것은 이

패를 나눠주는 분이 바로 하나님이시라는 거야. 그러니 너희는 그 패를 아무 조건 없이 받아야 한다. 다만 너희는 최선을 다해서 주어진 패를 활용해 최상의 결과를 얻어야 하는 임무가 있을 뿐이야. 그게 바로 인생이다. 좋은 패든 나쁜 패든, 한번 손에 쥐었으면 끝까지 그 패를 가지고 계속해야 되는 거야."

이 말을 들은 아이크는 자신의 경솔함을 깊이 뉘우치며 어머니의 가르침을 마음속 깊이 새겼다. 어머니의 말은 아이젠하워의 일생에 영향을 미쳤다. 이때부터 아이젠하워는 어떤 어려움에 부딪혀도 적극적이고 진취적인 태도로 대응했고, 모든 일에 최선을 다했다. 그는 언제나 자기에게 주어진 기회를 이용하여 더 나은 미래를 만들 수 있다고 믿었다. 그리고 인생을 살면서 힘들고 어려울 때마다 그때 어머니가 한 말을 되새기며 지혜롭게 넘겼다.

아이크가 열 살 때 일이다. 할로윈 Halloween 데이를 맞아 아이들은 외출금지 명령을 받았다. 할로윈 데이에는 악령이 출몰해서 아이들을 현혹시킨다는 전설이 있어서 서구에서는 그날 아이들의 외출을 금지시키는 전통이 있었다.

그런데도 아이크는 바깥으로 나가고 싶어서 미칠 것만 같았다. 친구들과 함께 어울려 놀기로 한 그는 몰래 방을 나와서 마당을 빠져나가려 했고, 그러던 중 사과나무 그루터기에 걸려 자빠지는 바람에 아버지에게 들키고 말았다. 그는 아버지에게 회초리를 얻어맞고는 다시 방안에 갇히는 신세가 되었다. 아이크는 친구들과 약속을 지키지 못하게 된 것 때문에 분통이 터질 지경이었다.

얼마 후, 어머니가 방으로 들어와서 잔뜩 찌푸린 인상을 하고 있는 아이크에게 물었다.

"너는 지금 아버지에게 화를 내고 있는 거니?"

"그건 아니지만 아이들과 약속을 했단 말이에요."

"할로윈 데이에는 다른 아이들도 밖에 나다니지 않는단다."

"그래도 약속을 지켜야 해요. 아빠가 미워요."

그러자 어머니는 성경 구절들을 인용하면서 사람이 누군가에게 몹시 화가 나면 자기 자신을 이기지 못하고 못난 사람이 된다는 이야기를 들려주었다. 아이크는 어머니의 말을 듣고 그까짓 일로 아버지를 원망하고 미워했던 자신을 부끄럽게 여기게 되었다. 그녀는 고개를 푹 숙인 아들의 손을 씻어주고, 넘어져서 까진 손에 연고를 바른 후 붕대로 싸매었다.

이 사건은 아이크의 일생에서 가장 중요한 감화를 안겨준 사건이 되었다. 이후 그는 화가 날 때마다 노여움을 밖으로 드러내지 않으려고 무척 노력하는 사람이 되었다. 아이젠하워가 노년에 이르렀을 때 그는 정이 가득 담긴 목소리로 어머니를 회상했다.

"어머니는 진실하고 밝은 인상을 가지고 계셨다. 그리고 모든 사람에게 따뜻하고 너그럽게 대하셨다. 우리는 어머니가 계셨기 때문에 소년 시절을 무사히 지낼 수 있었다. 어머니에 대한 기억은 죽을 때까지 잊을 수 없을 것이다. 그분은 지금까지도 생활 곳곳에서 나에게 영향을 미치고 있기 때문이다."

Dwight David Eisenhower

무뚝뚝하고
고지식한 아버지

　　　　　　아버지 데이비드는 무척 부지런하고 성실한 사람이었다. 그는 아침 6시 30분이면 집을 나섰고 저녁 6시가 되면 어김없이 집으로 돌아왔다. 저녁식사를 하고 나면 으레 책을 읽었고, 이집트의 피라미드에 대해 연구하는 취미를 즐겼다. 그는 그 피라미드의 건축술에 관해 나름대로 묘한 이론을 가지고 있었는데, 자기의 이론으로 피라미드의 비밀을 풀어보려고 애를 쓰곤 했다. 손수 피라미드의 커다란 도형을 그려놓고 그것을 들여다보며 연구할 정도였다.

　그는 늘 조용하고 말수가 적었으며 아내를 위하는 마음이 깊고 어진 사람이었다. 그들은 부부싸움 한 번 하는 일 없이 서로를 위하는 진정한 사랑으로 부부생활을 이끌어나갔다. 그래서 훗날 아이들은 두 사람이 서로에게 가장 이상적인 배우자였다고 입버릇처럼 말하곤 했다.

아버지는 아이들을 데리고 사냥이나 낚시를 하러 가는 등의 낭만적인 면은 없었지만 아이들이 훌륭한 시민으로 성장하는 데 모범이 되는 생활을 했다. 아이들이 커감에 따라 기상, 취침, 식사, 집안일을 할 때 정해진 시간에 따르도록 규칙을 정해 놓고 아이들이 스스로 자신의 생활을 통제할 수 있게 했다. 그리고 가족 규칙을 잘 지키느냐 아니냐에 따라 상과 벌을 내렸다. 그것은 어머니의 교육방침과도 맞아떨어지는 것이어서 아이들은 행동으로 그 규범을 따라야 했다.

때때로 그는 엄격하고 무서운 아버지이기도 했다. 한번은 이런 일이 있었다. 어느 날 어떤 사람이 아버지 데이비드에게 둘째 아들 에드가가 학교 수업을 빼먹고 마을 의사의 일을 돕고 있다고 고자질했다. 너무도 화가 난 아버지는 일을 하다 말고 집으로 달려갔다. 그는 한 손에 말채찍을 들고, 다른 한 손으로는 에드가의 멱살을 잡더니 그를 마구 때렸다. 그때 열두 살이었던 아이크는 형을 채찍으로 때리는 아버지를 보고 큰 소리로 울면서 그의 팔을 붙들었다. 아버지는 때리는 것을 멈추고 말했다.

"왜 그래? 너도 맞고 싶으냐?"

그때 아이크는 자기도 모르게 아버지에게 대들며 소리쳤다.

"채찍으로 사람을 때려서는 안 돼요. 개라도 그렇게 할 수는 없어요."

그러자 아버지는 아들의 말이 옳다고 느꼈는지 매를 내려놓았다.

전형적인 독일 사람인 아버지는 엄한 집안의 가장이었다. 아버지는 항상 자식들이 정직하고 성실하기를 바랐다. 그는 그다지 말을 잘 하는 편도 아니었고, 일부러 시간을 내서 아이들에게 세상살이에 대한 이야기를 해주는 다정한 아버지도 아니었다. 다만 아이들에게 엄격하면서도 분명한 가족 규칙을 제시하고, 규칙적인 생활을 하도록 철저히 이끌어나갔다. 아이들이 집안일 하는 것을 잊거나 제대로 하지 않았을 때 아이다는 가볍게 엉덩이를 몇 대 때리는 게 전부였지만, 데이비드는 엄격하게 아이들을 혼냈다. 어머니는 무슨 일을 하든지 항상 아버지의 의견에 따라 일을 처리했다. 아이들은 완고하고 엄숙하면서 조용한 아버지를 두려워하면서도 경외심을 품었다.

아버지는 크림 제조공장에서 기사 일을 하면서 여전히 책 읽는 일을 게을리 하지 않았고 국제통신학교의 공과(工科)에 들어가서 열심히 공부를 하기도 했다. 그는 1900년 12월 31일자로 '수학, 기계학, 증기 및 증기기관, 다이나모 및 모터 측량' 과목을 수료했다는 증서를 받았는데, 그것을 무척 자랑스러워했다. 이 수료증은 아이크가 연합군 사령관이 되어 제2차 세계대전을 지휘하던 시절에도 귀중하게 액자에 담겨 그의 집 2층에 있는 한 방의 벽에 걸려 있었다.

아버지는 늙어서 직장을 그만둘 때까지 한 달에 150달러 이상을 벌어본 적이 없었다. 아이들은 아주 어린 시절부터 온갖 허드렛일과 궂은 경험을 많이 해야 했지만 아버지의 경제적 무능을 탓하지는 않았다. 그것이 가족들을 비참하게 했다기보다는 오히려 아이들에게 자립심을 길러주고, 모든 일에 불평하지 않으면서 즐겁게 일하며, 서로 위하고 사랑하는 마음을 갖게 했다. 이러한 분위기 속에서 자란 아이들은 어린 시절부터 스스로를 통제하는 습관을 지니게 되었고, 의지가 강하고 활력이 넘치는 사람으로 성장할 수 있었다.

Dwight David Eisenhower

싸움에 대한 특별한 기억

아이크에게는 싸움에 대한 특별한 기억이 있다. 어느 날 오후, 학교 수업을 마치고 집에 돌아가는 길이었다. 그때 한 무리의 남자아이들이 그를 뒤쫓아 집앞까지 따라왔다. 그 아이들은 덩치가 컸기 때문에 아이크는 감히 싸울 엄두를 못 내고 도망쳤다. 집이 가까이 보이자, 그는 걸음을 늦추고 길게 숨을 내쉬었다. 그때 집밖에 서 있던 아버지가 그 광경을 보았다.

"너, 저 녀석들한테 쫓겨 온 거냐? 내 아들이 이렇게 겁쟁이란 말이냐?"

아버지가 고함치자 그 소리에 깜짝 놀란 아이크가 이렇게 말했다.

"저 애들은 저보다 덩치가 훨씬 크고 힘도 센 걸요."

"덩치가 크다고 싸움을 잘하는 것은 아니다. 네가 남자라면 저 녀

석들을 쫓아버려라."

 아버지가 큰소리로 말하자 아이크는 용기가 솟았고 투지가 달아올랐다. 그는 책가방을 바닥에 내던지고, 주먹을 불끈 쥔 채 전의를 불태우며 자기를 쫓아왔던 아이들을 향해 돌진했다. 그의 아버지를 보았기 때문인지, 아니면 뜻밖의 반격을 당해서인지 아이들은 당황하며 달아났다. 그때 아이크는 재빨리 그들을 쫓아가서 한 아이에게 날쌔게 강한 주먹 한 방을 날렸고, 그 아이는 외마디 비명을 지르며 땅바닥에 쓰러졌다. 아이크는 자기 눈앞에서 벌어진 일이 믿기지 않았다. 그 아이가 덩치에 비해 너무 쉽게 무너졌기 때문이다. 자신감이 생긴 그는 아이를 내려다보며 점잖게 말했다.

 "앞으로도 나를 귀찮게 하면, 매일 이렇게 두들겨 패주겠어."

 말을 마친 그는 당당하게 집으로 돌아갔다. 그 광경을 본 아버지는 아들의 용기가 대견했는지 얼굴에 웃음이 번졌다.

 "그것 봐라. 너는 해낼 수 있잖니! 어때, 속이 후련하고 기분이 좋지 않니?"

 "예, 정말 기분 좋아요."

 아이크는 아주 씩씩한 목소리로 대답했다. 그러자 아버지는 빙그레 웃으면서 이렇게 말해 주었다.

 "평소에 잘난 척하고 거들먹거리는 사람일수록 속이 알차지 못한 사람이 많다는 것을 알아야 한다. 빈 깡통이 소리만 요란하듯이 세상에는 겉보기만 그럴 듯하고 속은 그렇지 않은 사람이 많단다. 그런 사람들과 싸우면 반드시 이길 수 있다. 스스로 자신감과 용기를 가진 사람은 항상 이길 수 있고, 다른 사람의 칭찬과 존경도 받을 수 있다는 사실을 명심하거라."

아버지의 가르침 덕분에 아이크는 바로 위의 형 에드가와 더불어 점점 유명한 싸움꾼이 되어 갔고, 권력 앞에 주눅이 들지 않는 성격을 갖게 되었다. 이것은 아이크가 미래에 군인과 정치가로 살아가는 데 아주 중요한 부분이 되었다.

Dwight David Eisenhower

신앙이 깊은 가정교육

아이젠하워 가족은 매일 저녁에 가정 예배를 드렸다. 저녁식사가 시작되면 아버지가 축복의 기도를 시작했고 식사가 끝나면 아이들은 번갈아가며 성경을 읽었다. 성경을 읽고 나면 모두 무릎을 꿇고 전 세계에 있는 기아로 고통받는 사람, 힘든 노동을 하면서 고생하는 사람, 불행한 사람들을 위해 기도했다. 아이크는 훗날 어른이 된 후 온 가족이 석유램프를 켜놓고 식탁 주변에 둘러앉아 도란도란 성경을 읽던 추억을 떠올리며 그때가 자기 생애에서 가장 행복한 시기였다고 회상하곤 했다.

집안에는 3권의 성경이 있었다. 첫 번째 성경은 독일어 성경이었다. 이 성경은 할아버지 제이콥이 읽던 것이었는데 거기에는 아이젠하워 집안사람들의 출생과 사망 년, 월, 일이 빽빽하게 기록되어 있는 가보였다. 두 번째 성경은 그리스어 성경으로 아버지가 대학시절부터 읽던 성경이었다. 신약성경은 원래 그리스어로 쓰여 유럽 각국어로 번역된 것이기에 아버지는 원서로 성경을 읽는 것을 아주 자랑스럽게 생각했다. 마지막으로 세 번째 성경은 영어로 쓰인 쉬운 성경이었다. 이것은 어머니와 아이들이 읽는 책이었다.

성경을 읽을 때 성의없이 읽는 아이가 있으면 그 아이는 읽을 자격을 박탈당했고, 다른 형제에게 성경책을 넘겨주어야 했다. 아이크는 성경 읽기가 재미있어서 '창세기'에서 '요한계시록'에 이르기까지 몇 번이나 통독을 한 탓에 매우 유창하게 성경을 읽을 수 있었다. 그러던 어느 날 어머니는 그에게 상으로 손목시계를 주었다. 상을 탄 아이크는 다른 형제들로부터 부러움을 샀고 스스로 우쭐한 기분이 되기도 했다.

저녁에 성경 읽기가 끝나면, 때때로 어머니는 오동나무 피아노를 치곤했다. 결혼하기 전에 거금을 주고 산 그 피아노는 그녀가 가장 아끼는 물건이었기 때문에 이사를 할 때마다 늘 가지고 다녔다. 그들 가족에게 피아노는 그냥 악기가 아니라 아름다운 선율로 온 가정에 기쁨을 가져다주는 보물이었다.

어머니는 언제나 온화하고 낙관적인 모성애를 발산했다. 또 일상적인 살림살이에서 즐거운 피아노 소리까지 그녀의 손이 미치지 않는 곳이 없었다. 그녀는 아이들이 적극적이면서 낙관적으로 세상을 살아가게 하기 위해 최선을 다했다. 그리고 아이들이 발전적이고 창조적인 사고를 하면서 공부에 열중할 수 있도록 온갖 배려를 다 했다.

어머니는 무엇보다도 아이들이 성경을 많이 읽도록 권했다. 그들 가족은 주일 밤이면 아이들이 차례로 성서의 문구를 읽고 그것에 대해 토론하는 성경 공부의 시간도 가졌다. 그때 아이들은 성경에 나타난 하나님의 말씀과 교훈에 대해서 진지하게 논의하며 신앙심을 키워나갔다. 그래서 아이들은 성서에 대한 지식이 늘어났고 성경의 많은 문장을 암기할 수 있었다. 훗날 아이크는 모임이나 토론이 있을 때 성경의 글귀를 아주 적절하게 잘 인용해서 사람들을 놀라게 했다.

아이크는 형제 중에서 책을 가장 많이 읽는 아이였다. 그가 가장 좋아한 것은 고대의 영웅에 관한 책이었다. 그는 특히 카르타고의 장군 한니발의 이야기를 좋아했는데, 한니발이 코끼리 부대를 이끌고 알프스 산맥을 넘는 장면을 읽으면서 손에 땀을 쥐는 스릴을 느꼈다. 한니발은 로마인이 전혀 생각하지 못한 방법으로 로마를 공격해 들어왔고 커다란 승리를 거두었다. 그런 한니발의 훌륭한 전략에 탄복하면서 아이크는 밤을 새워 책을 읽었다. 특히 책 속에서 펼쳐지는 무궁무진한 새로운 세상을 만날 수 있다는 것이 무척 기뻤다.

아이크는 어린 시절부터 「메이플라워 공약Mayflower Compact」을 읽었다. 이 공약은 미국으로 제일 먼저 이주해 온 청교도들이 1620년에 만든 것으로 미국을 건국한 취지를 밝힌 것이다. 그 취지는 하나님께 영광을 돌리고 성경의 진리를 퍼뜨리는 것이다. 아버지는 아이들에게 반드시 매주 한 번씩 그것을 읽게 해서 나라에 충성하고 하나님을 경외하는 기독교 정신을 함양하도록 했다. 이처럼 아이젠하워 가족의 아이들은 어린 시절부터 가정생활과 교회생활이 일치가 되었기 때문에 성인이 된 후에도 독실한 신앙과 믿음을 온전히 실천할 수 있었다.

훗날 아이크는 영웅적인 장군과 대통령이 되었을 때 삶에서 신앙과 믿음이 얼마나 중요한지에 대해 이렇게 말하곤 했다.

"무신론자들은 머리를 쓸 필요가 없습니다. 바보라도 초자연적인 힘을 부인할 수 없기 때문입니다. 생명의 신비를 무시할 수 없고 천체 운행의 놀라운 질서를 느끼지 않을 수 없습니다. 이 모든 것은 자비로운 하나님의 손길입니다. 나는 바로 그분이 성경 속의 하나님과 그의 아들 예수 그리스도라고 확신합니다."

아이젠하워의 리더십

▶ 어린 시절의 아이젠하워와 그의 가족(1902년). 가장 왼쪽에 있는 아이가 아이젠하워다.

실천하는 사람만이 원하는 것을 얻는다

하루는 아이젠하워의 어머니가 사과 한 바구니를 가져왔는데, 색깔과 크기가 모두 제각각이었다. 여섯 아이들이 모두 가장 크고 빨간 사과를 갖기를 원하자 어머니는 가장 좋은 사과를 들고 이렇게 말했다.

"잔디밭을 손보지 않은 지가 오래되었다. 너희들이 모두 조금씩 책임을 나눠 잔디밭을 매거라. 가장 일을 잘한 사람에게 제일 좋은 사과를 주겠다."

아이크는 그 사과가 너무 먹고 싶었기 때문에 아주 열심히 잔디를 맸다. 결국 가장 좋은 사과는 그의 차지가 되었다.

그는 그때의 일을 이렇게 회상했다.

"그 일은 내 인생 전체에 영향을 미쳤다. 나는 다른 사람보다 더 열심히 일하면 더 훌륭한 것을 얻을 수 있다는 것을 알게 되었다."

Dwight David Eisenhower

새로운 세계에 눈을 뜬 청년 아이크

나는 역사라는 철길에 누워
미래라는 기차에 깔려 죽는 것을 기다리지 않겠다.

– 드와이트 D. 아이젠하워 –

2장

Dwight David Eisenhower

아이젠하워 형제는 싸움꾼

　　아이젠하워 형제들은 사내아이만 여섯인 탓에 장난이 심하고 거칠며 모험을 좋아했다. 아이들은 예사로이 지붕 꼭대기에 올라 술래잡기 놀이를 하기도 하고, 동네 아이들과 패싸움을 하면서 악동으로 이름을 날리기도 했다. 여섯 형제 중 셋째인 아이크는 아래 위의 많은 형제들 사이에서 부대끼며 자연스럽게 중용의 자세를 취할 줄 아는 특유의 리더십을 기르게 되었다. 아이크는 바로 위의 형인 에드가와 만나기만 하면 티격태격 하기 일쑤였는데 어머니는 형제들의 싸움에는 전혀 관여를 하지 않고 방관자의 자세를 취했다.

　어느 날 친척 한 사람이 찾아왔는데, 그때도 두 사람은 마당에서 싸움을 벌이고 있었다. 치고받고 뒹굴어서 옷은 온통 흙투성이가 되었고 얼굴에는 코피도 흐르는 것 같았다. 이를 본 친척이 깜짝 놀라서 외쳤다.

"아니, 저 애들이, 저러다 다치겠네. 싸움을 말려야겠어요."

그러나 어머니는 그저 미소를 지으며 말했다.

"아이들은 싸우면서 크는 거랍니다. 가만히 내버려두면 아무런 일도 없었다는 듯 잘 놀아요. 오히려 지나치게 참견하면 더 싸운답니다."

한번은 어머니가 부엌에서 빵을 굽고 있을 때였다. 식탁 앞에서 아이크와 에드가가 싸움을 시작했다. 에드가는 말을 타듯이 동생을 올라타고 앉아서 사정없이 두들겨 팼다. 에드가가 항복하겠느냐고 호통치자 아이크는 싫다고 외쳤다. 그러자 에드가는 아이크의 머리카락을 움켜잡고 그의 머리를 바닥에 찧어대기 시작했다. 그런데도 아이크는 항복하지 않고 대신 엉엉 울기 시작했다.

옆에서 놀고 있던 동생 밀턴과 알이 급히 부엌으로 달려와서 어머니에게 도움을 요청했다. 그러나 어머니는 이렇게 말했다.

"싸우다 지치면 그만둘 거다. 내버려 두어라."

과연 두 형제는 5분도 안되어서 아무 일도 없었다는 듯 마당에서 함께 놀고 있었다.

그런 어머니가 절대로 해서는 안 된다고 반대하는 놀이가 있었는데, 그것은 전쟁놀이였다. 대부분의 사내아이들이 그러하듯 아이젠하워 형제들도 전쟁놀이를 즐겼다. 아이들은 나뭇조각이며 쇠붙이를 주어다가 가상의 대포와 총을 만들어서 상대방의 진지를 공격하고 백병전을 치르는 장면을 연출하면서 정신없이 놀았다. 아이들이 아무리 짓궂은 장난을 해도 좀처럼 참견을 하지 않던 어머니는 질색하며 전쟁놀이를 못하게 말렸다. 그래도 아이들이 몰래 전쟁놀이를 하자 어머니는 회초리를 들고 이렇게 말했다.

"전쟁이란 무고한 사람을 죽이고 사람의 심성을 추악하게 만드는 악마의 짓거리다. 그런데 왜 하나님에게 죄를 짓는 그런 장난을 하는 것이냐?"

아이들은 처음으로 극단적인 평화주의자인 어머니의 모습을 보게 되었고 그때부터 희미하지만 전쟁이 죄악이라는 생각을 하게 되었다. 훗날 아이크가 군인이 되기 위해 웨스트포인트로 진학하려고 하자 어머니는 아들이 군인의 길을 가는 것을 반대하며 또 다시 평화주의자의 모습을 보인다.

아이크와 에드가는 정말 못 말리는 문제아처럼 자주 싸웠지만, 그만큼 끈끈한 정으로 맺어진 형제애를 발휘하곤 했다. 아이젠하워 형제들은 마을에서 싸움꾼으로 소문이 나 있었는데 그중에서 둘째인 에드가의 싸움 실력은 무척이나 뛰어나서 당할 사람이 없었다. 그런데 정작 명성을 크게 날린 사람은 아이크였다. 아이크는 형 에드가보다 성장도 늦고 힘도 약해 보였으나 끈기와 뚝심 하나는 끝내주는 아이였다.

어느 날 아이크는 웨슬리 메리필드라는 소년과 싸움을 했다. 웨슬리는 키와 몸집이 커서 힘이 장사였는데 이와는 대조적으로 아이크는 비쩍 마르고 힘도 약했기 때문에 두 사람의 싸움을 구경하던 아이들은 누가 이기는 것이 문제가 아니라 아이크가 얼마나 버틸 수 있을 것인가에 관심을 가지고 싸움을 지켜보았다. 처음부터 싸움은 되지 않을 성 싶었던 것이다.

과연 싸움이 벌어지자 초반부터 아이크는 심하게 두들겨 맞고 녹다운이 되는 듯했다. 그러나 그게 다가 아니었다. 아이크는 심한 타격을 받고 거의 움직일 수 없는 상태가 된 것 같으면서도 계속 공격을 시도했다. 그는 악바리처럼 달려들었고 덩치 큰 웨슬리를 놓아주지 않았다. 때리는 것은 여전히 웨슬리였지만 그는 결국 때리다 지쳐서 헛손질을 해댔다. 그러자 아이크는 집요한 반격을 시작했다.

"아이크 이겨라! 아이크 이겨라!"

아이들이 탄성을 지르며 일제히 아이크를 응원했다. 두 소년은 두 시간이 넘도록 엎치락뒤치락하고 있었는데 승부가 날 기미는 보이지 않았다. 해는 서쪽 산으로 뉘엿이 기울었고 이미 땅거미가 밀려오고 있었다. 너무 지쳐서 더 이상 때릴 힘도 없어진 웨슬리가 말했다.

"드와이트, 너한테는 못 당하겠다. 그만하자."

그러자 아이크도 거친 숨을 몰아쉬며 말했다.

"좋아, 웨슬리. 나도 너를 이기지는 못했어."

그렇게 해서 두 소년의 싸움은 무승부로 끝이 났다. 그러나 이 싸움에서 진정으로 승리를 거둔 사람은 말할 것도 없이 아이크였다. 약해만 보이던 아이크는 그때부터 마을에서 힘세기로 유명한 주먹들도

꼼짝 못하는 존재가 되었다. 나중에 그 사실을 알게 된 둘째 형 에드가는 동생을 대견스럽게 여기며 가는 곳마다 아이크를 데리고 다녔다. 두 형제가 마을 골목을 누비고 돌아다니면 감히 누구도 대적하려고 마음먹는 아이들이 없었다.

Dwight David Eisenhower

운동협회 회장이 되다

그렇다고 아이젠하워 형제들이 싸움만 하고 다닌 것은 아니다. 아이크와 그의 형제들은 집안일을 거드는 착한 아이들이었다. 그들은 어릴 적부터 각자에게 주어진 노동을 해야 했다. 학교에 가기 전에 일찍 일어나서 닭과 돼지에 사료를 주고, 소의 젖을 짜고, 말의 털을 빗겨주는 일을 하거나 달걀 모으는 일을 했다. 학교에서 돌아와서는 밭을 일구고 채소를 심거나 고기를 소금에 절이는 일도 했다. 겨울철이 되면 땔감으로 쓸 장작을 패야 했다. 특히 난로에 불을 피우려면 다섯 시에 일어나야 했기 때문에 제일 인기가 없어서 아이들끼리 돌아가면서 했다. 여름철에는 마당과 밭에서 거두어들인 채소, 토마토, 옥수수 등 수확물을 마차에 싣고 장터에 나가서 팔았다. 아이크는 마차를 끌고 농산물을 팔러 가는 일이 가장 싫었다. 장사에 경험이 없는 아이들에게 그 일은 너무도 힘겨웠다. 하지만 고되고 괴로운 그 일을 차츰 당연하게 받아들이고 열심히 했다. 당시 미국 농촌은 누구나 일을 하지 않으면 먹고 살기 힘들던 시절이었다. 아버지는 한밤중에 공장의 기계가 고장이 나면 자다가도 불려나가는 일이 많았고, 어머니는 어머니대로 남편과 여섯 아이들의 뒷수발을 하느라 바빴다.

힘든 가정형편에도 불구하고 아이크는 쾌활한 성격을 지닌 청년으로 자라났다. 그는 성격이 밝아서 친구를 잘 사귀었고, 많은 사람들로부터 호감을 샀다. 고등학교에 입학한 그는 운동을 좋아했지만 공부에는 별다른 흥미를 보이지 않았다. 하지만 늘 운동을 하고 뛰어노는 것에 비해서 뛰어난 성적을 보여주곤 했다. 일반 과목에서는 평균적인 성적을 유지했고 수학과 역사에서는 거의 톱클래스에 속했다.

둘째 형 에드가는 미식축구에서 발군의 실력을 발휘해서 유명한 선수가 되어 있었다. 아이크도 형을 따라 축구를 시작했는데 형만큼 뛰어난 재능을 보이지는 못했다. 그렇지만 웨슬리와의 싸움에서 거둔 명성 때문에 아이들이 그를 무시하지는 못했다.

아이크는 고등학교 2학년 때 처음으로 뛰어난 리더십을 발휘하기 시작했다. 그 무렵 학교에서의 운동 경기는 학교 운영과 거의 분리되어 치러지고 있었다. 학교 측은 한 사람의 코치도 고용하지 않았고, 운동기구도 공급하지 않았다. 운동을 좋아하는 학생들이 축구부와

야구부를 이끌고 있었지만, 학생들이 운동기구를 구입하거나 경기를 치르는 데 필요한 경비를 대기에는 역부족이었다. 아이크는 이 문제를 해결하기 위해서 운동협회를 만들자고 아이디어를 냈고, 이에 많은 학생들이 적극적으로 호응했다. 회원이 된 학생들은 이 협회에 회비를 내고 외부로부터 기부금을 유치하기 위해 마을 유지들을 찾아 발 벗고 뛰어다녔다. 이러한 노력 덕분인지 얼마 되지 않아 필요한 경비가 모아졌다.

그런데 문제가 생겼다. 이 협회가 학교 당국으로부터 정식으로 인정받지 못한 단체로 규정되어 해체될 위기에 몰린 것이다. 아이크는 협회의 정식 승인을 요청했으나 학교 당국은 난색을 표했다. 학교에는 학생들의 사적인 조직을 인정하지 않는다는 규칙이 있었던 것이다. 격렬한 논쟁 끝에 아이크는 협회에서 구입한 운동기구와 비품 일체를 학교 소유로 한다는 조건으로 협회에 대한 승인을 받는 데 성공했고, 그는 뛰어난 리더십을 발휘해서 협회 사업을 운영했다. 이 협회는 그 후 40여 년이 지나 그가 대통령이 되었을 때도 그대로 운영되었다.

아이젠하워는 그때의 이야기를 1908년 발간한 교지에 독특하고 간결한 문체로 발표했다. 그것은 '운동 경기에 대해서'라는 제목으로 되어 있는데 드와이트 D. 아이젠하워의 서명과 함께 다음과 같이 쓰여 있다.

1908년 초가을, 고교생들은 운동협회를 조직했다. 우리는 드와이트 D. 아이젠하워를 회장으로, 해리 메이킨스를 부회장으로, 하버트 서머스를 서기 겸 경리 담당으로 선출한 뒤에 일을 시작했다. 그 가을 동안 야구는 하지 않기로 결정하고 즉시 축구를 시작했다.

한 번은 아빌렌 고등학교 축구부가 텍사스까지 원정을 가서 경기를 해야 할 일이 생겼다. 그러나 축구부는 텍사스까지 왕복할 여비가 없었다. 아이크는 캔자스와 텍사스 사이를 오가는 화물열차에 무임승차를 하자는 아이디어를 내놓았다.
"그러다가 붙잡히면 어떻게 하지?"
한 학생이 그렇게 말하자 모두의 얼굴이 어두워졌다.
"설마 한두 사람도 아니고 우리 팀 전원을 열차 밖으로 내던지기야 하겠어?"
아이크는 아주 담백하게 말했다.
"그래, 일단 타고 보자. 그렇다고 시합을 안 할 수도 없잖아."
그렇게 해서 팀 전원이 몰래 화물열차에 무임승차를 했다. 다행히 역무원에게 들키지 않아 무사히 시합에 나갈 수 있었고, 그 결과 승리를 거머쥐게 되었다.

Dwight David Eisenhower

제발 다리는
자르지 마세요

　건강하기만 하던 아이크에게 뜻하지 않은 불상사가 일어났다. 어느 날 학교를 파하고 집으로 돌아오던 길에 넘어져서 왼쪽 무릎에 상처를 입었는데, 조금 까진 것뿐이어서 대수롭지 않게 여겼다. 그런데 그것이 아니었다. 대수롭지 않게 여긴 상처가 감염이 되었던 것이다.

　그날 밤 그의 다리는 퉁퉁 부어오르기 시작하고 통증 때문에 잠도 잘 수 없었다. 다음 날은 통증이 더 심해지고 다리가 시꺼멓게 변했다. 왕진을 온 의사는 패혈증이라고 진단하고 심각한 얼굴이 되었다. 그는 아이크의 부모를 밖으로 불러내어 이렇게 말했다.

　"지독한 패혈증입니다. 어쩌면 다리를 절단해야 할지도 모릅니다."

　"뭐라고요? 어제까지 멀쩡하던 아이가 어떻게 그럴 수가 있지요?"

아버지는 믿기지 않는다는 듯 물었다.

"원래 저 병이 그렇습니다. 지금 잘라내면 나머지 부분은 살릴 수 있습니다."

"잘라내지 않으면요?"

이번에는 어머니가 물었다.

"다리는 물론 아이의 목숨이 위험하게 될지도 모릅니다."

의사의 말은 사형선고와도 같았다. 아이크의 부모는 마른하늘에서 떨어진 날벼락을 맞은 기분이었다. 어제까지만 해도 펄펄 뛰어다니던 아들이 다리를 자르고 평생 불구자로 지내야 하다니! 하나님이 원망스러울 지경이었다.

아이젠하워 부부는 아들에게 그 사실을 말할 수밖에 없었다. 사실을 알게 된 아이크는 얼굴빛이 하얗게 변했다. 한참만에 아이크가 입을 열었다.

"저는 다리를 자르지 않겠어요. 다리를 자르고 불구자로 사는 것은 죽는 것만도 못해요."

"하지만 다리를 자르지 않으면 목숨을 잃을 수도 있어. 제발 의사 선생님 말을 들어라."

어머니는 아들의 손을 꼭 잡고 간곡하게 말했다.

"오히려 잘 되었네요. 불구자로 사느니 저는 죽음을 선택하겠어요."

아이크는 아주 결연한 표정으로 말했다. 그때 의사가 말했다.

"너는 아직 스무 살도 되지 않았다. 생명을 구할 수 있는데 목숨을 버린다는 것은 있을 수 없는 일이야."

그러자 아이크가 고통스런 신음처럼 말을 내뱉었다.

"싫습니다. 아직 스무 살도 안되었는데 다리를 자르고 평생 누군가의 신세를 지고 살아야 하잖아요. 전 그렇게 살기는 싫어요. 다들 나가주세요."

너무도 단호한 그의 의지 앞에 부모도 의사도 할 말을 잃고 밖으로 나올 수밖에 없었다. 그때 아이크는 둘째 형 에드가를 붙들고 이렇게 말했다.

"내가 잠든 사이에 저 의사가 마취를 하고 수술을 할지 모르거든? 형이 옆에 있어서 그 짓을 못하게 막아줘. 그렇게 하겠다고 약속해 줘."

"그렇지만, 아이크……."

"형, 더 이상 말하지 마. 형이 내 입장이 되었어도 나랑 같은 선택을 했을 거야. 그러지 않아? 내 말대로 해주겠다고 약속해 줘."

에드가는 동생의 간절하고 처절한 눈빛을 보고 그렇게 하겠다고 약속했다.

"나는 하나님께서 반드시 치료해 주실 것을 믿고 있어. 그래서 나는 그분에게 수술을 하지 않고 낫게 해달라고 간절하게 기도하고 있어. 형도 그렇게 기도해 줘."

"그래, 나도 그렇게 기도할게."

아이크는 에드가에게 포크를 가져다 달라고 했다. 그는 신음소리를 내지 않기 위해 그것을 입에 물고 고통을 참아냈다.

에드가는 밖으로 나와서 아이크의 뜻을 거스르지 말자고 부모님을 설득했다. 그러자 아버지와 어머니도 결국 그 뜻을 따르기로 했다. 부모님은 나머지 다섯 아들을 불러놓고 아이크를 위해 기도하기 시작했다. 그러나 기도한 보람도 없이 다음 날은 검게 부어오른 환부가 넓적다리까지 퍼졌고 열은 점점 더 높아졌다. 아이크는 이제 하나님에게 기도를 드릴 수조차 없을 정도로 정신이 혼미해졌다. 그는 고통을 이기지 못하고 괴로워하며 형의 손을 찾았다.

"내가 정신을 잃더라도 수술을 못 하게 해줘."

"그래, 걱정하지 마."

에드가는 동생과의 약속을 지키기 위해서 방문을 지키고 서 있었다. 아이크는 꼬박 이틀 동안이나 열에 들떠서 의식이 흐릿했고, 그 가운데에도 신음을 하면서 기도를 토해내고 있었다.

'하나님, 저는 하나님이 저의 다리는 물론 저의 목숨도 온전히 보존해 주실 것을 믿습니다. 저에게 이 고통을 이겨낼 수 있는 힘을 주십시오.'

신음 속에서 끊길 듯 이어지는 그의 기도를 들은 가족은 모두 애달파하며 그의 침대 주위에 모여 무릎을 꿇고 기도했다. 그동안 의사는 몇 번이나 찾아와 다리를 절단하고 아이의 생명을 살려야 한다고 아이크의 부모를 설득했다.

아버지와 어머니는 결단을 내릴 수가 없었다. 아들의 다리를 절단하는 것을 승낙하면 평생 아들의 원망을 들을 것이고, 그렇다고 아들을 그냥 죽게 내버려둘 수도 없었다.

그 사이 검게 부어오른 부위가 넓적다리 위쪽까지 퍼졌고 다리는 어린아이의 몸통만큼이나 굵어져 있었다. 의사는 붓기가 골반까지 미치면 불과 두세 시간 내에 무서운 죽음이 찾아온다고 경고하듯이 말했다.

"안 돼. 아이크를 그냥 죽게 할 수는 없어."

어머니는 쓰러져서 몸부림치면서 아들을 살려야 한다고 외쳤다. 하지만 에드가는 자기라도 불구의 몸이 되는 것보다는 죽음을 선택할 것이라고 말하면서 아이크 본인의 의견을 존중해 줄 것을 강조했다. 그러자 아버지가 조용한 목소리로 탄식하며 말했다.

"그래, 좋다. 저러다가 아이크는 죽겠지. 저게 본인의 뜻이고 하나님의 뜻이라면 죽게 내버려두자!"

시시각각 아들의 죽음이 다가오고 있는 동안 부모가 할 수 있는 일이란 기적이 일어나기를 비는 것뿐이었다. 이제 검게 부은 부분은 골반까지 이르렀고, 아이크는 완전히 혼절해서 실신 상태가 되었다. 처음에는 화를 내던 의사도 그들 가족 곁에서 무릎을 꿇고 기도를 올릴 수밖에 없었다.

그런데 그날 밤 정말 기적이 일어났다. 꺼져가는 생명의 불꽃처럼 잦아들 듯이 흐릿해지던 아이크에게 돌연한 변화가 일어났다. 갑자기 괴로운 호흡이 멈추고 평온한 숨결로 바뀌는 것이었다. 모두들 죽음이 찾아오려는 것인가 하고 두려운 눈길로 아이크를 주시하고 있었다. 그런데 점점 다리의 검은 빛이 옅어지면서 붓기가 빠지기 시작했고 열도 내리고 있었다. 의사는 조심스럽게 아이크의 맥을 짚어 보더니 외쳤다.

"기적이 일어나고 있습니다. 이 아이는 살아났어요. 정말 믿을 수 없는 일입니다."

온 가족은 너무 기뻐서 아이크의 침대 곁에서 무릎을 꿇고 눈물을 펑펑 흘리며 감사의 기도를 드렸다.

아이크는 다음 날 아침이 되어서야 눈을 떴다. 안색은 창백하고 피로에 지쳐 있었으나 이제는 호흡이 수월해졌고 잔뜩 부풀어 올랐던 다리도 정상으로 돌아왔다. 그리고 그 다음 날에는 자리에서 일어나 앉을 수 있게 되었다. 아이크는 자신이 다시 살아나서 완전한 신체를 가질 수 있다는 사실이 믿기지 않았다. 마치 악몽을 꾸고 난 후의 기분, 바로 그것이었다. 고통 속에서 그는 자랑스럽게 웃음을 터뜨렸다.

"야! 나는 다시 살아났다. 하나님, 감사합니다!"

그는 병마를 이기고 기적적으로 살아났다. 3주일 후, 아이크는 걸어서 밖으로 나올 수 있었다. 아직 얼굴은 창백하고 걸음걸이가 휘청거리는 것 같았으나 두 발로 땅을 딛고 걷고 있었다.

아이젠하워의 전기 작가인 스티븐 암브로스는 세상 사람들이 이 일을 기적이라고 평가하지만 아이젠하워 가족은 그런 의견에 동의하지 않았다고 전한다. 아이젠하워 가족은 아이크가 아플 때도 평소와 같이 기도했을 뿐, 평상시보다 더 많은 기도를 하지는 않았다. 그만큼 그들 가족은 신실하게 기도를 생활화하고 있었다. 스티븐에 따르면 아이크의 부모는 믿음으로 어떤 병을 치료받는다는 등의 이적을 행한다는 교리를 상당히 싫어했다고 한다. 그만큼 아이젠하워 가족의 믿음은 신실한 신앙을 기반으로 한 것이었다.

어쨌거나 그 후 아이크는 기도를 통한 기적과 하나님이 자신의 편이라는 것을 확고하게 믿는 믿음의 사람이 되었다. 만일 그가 믿음이 없어 절실한 기도를 하지 않았더라면, 그는 그때 세상을 떠났거나 불구가 되어 훗날 세계의 역사를 뒤바꾼 공헌을 하지 못했을 것이다.

Dwight David Eisenhower

새로운 세계에 대한 인식

병마에서 헤어난 아이크는 새로운 사람이 되었다. 그는 아이들과 싸움질이나 하고 엉뚱한 장난질을 벌이던 개구쟁이가 아닌, 삶에 대해서 진지하게 생각하고 엄숙하게 사물을 바라보는 듬직한 청년이 되었다.

그 무렵에 그에게는 새로운 지식의 세계를 접할 기회가 다가왔다. 아이크와 단짝으로 지내던 축구부원 식스 맥도넬이 조 하우란 청년을 소개해 주면서부터였다. 하우는 그곳 지역신문인 「디킨슨 카운티 뉴스」의 발행자 겸 편집인이었는데 아이크는 그가 신문을 만드는 과정을 유심히 살펴보고는 깜짝 놀랐다. 하우가 기사를 쓰고, 재빠르게 활자를 고른 후 조판을 하고, 교정쇄를 만들어나가는 과정을 보고 있노라면 그저 감탄이 나올 뿐이었다. 그는 나이도 별로 많지 않은 하우가 어떻게 저런 일을 수행할 수 있는지 놀랍기만 했다.

"이봐, 조 하우. 자네는 학교도 다니지 않으면서 어떻게 이런 대단한 일을 하게 된 거지?"

"응. 우리 친척 중의 한 분이 뉴욕에서 신문을 발행하고 있어. 그분에게 배운 거야. 나는 학교 공부보다 이 일이 적성에 맞는 것 같아서 열심히 배웠지."

"어쨌든 대단해. 나는 자네 덕에 새로운 세상을 보게 된 것 같아. 내가 여기 자주 와도 되겠어?"

"그럼. 언제든지."

그렇게 해서 아이크는 수시로 그곳을 드나들며 경이로운 지식의 세계에 빠져들었다. 신문사 사무실에는 전국에서 보내온 신문과 하우가 모아둔 장서들이 가득 쌓여 있었다. 아이크는 난생 처음으로 접한 고전들과 문학작품들 그리고 철학책들을 진지하게 읽었다. 그리고 그는 뉴욕, 클리블랜드, 세인트루이스 등 멀리 떨어진 도시에서 발행된 신문들을 접하고 흥분을 감출 수가 없었다. 그곳에서 새로운 문물과 폭넓은 지식을 접하면서 그동안 자신이 얼마나 우물 안의 개구리였던가를 깨달았다. 지금까지 자신이 읽은 책이라고는 성서와 교과서 외에 흥미 위주의 서부소설밖에 없었던 것이다.

이때부터 아이크는 왕성한 지식욕에 사로잡혀 매일같이 그 사무실에 들렀고 여러 고장에서 배달되어 온 새로운 신문과 장서들을 읽으며 견문을 넓히는 재미에 빠져들었다.

'세상은 우리 캔자스가 전부가 아니었어. 캔자스 바깥에서 일어나는 일들이 너무도 흥미진진하구나!'

그는 새로운 사상에 자극받아서 세상과 주위의 사물들을 새롭게 바라보기 시작했다. 그동안 아이들과 몰려다니면서 흥미 있는 일에만 즉흥적으로 매달리던 아이크는 자신의 무감각을 크게 반성했다.

'이제 졸업도 얼마 남지 않았는데 나는 무엇을 어떻게 하겠다는 장래의 계획조차 없지 않은가!'

그는 착잡한 기분이 되어서 미래를 생각하지 않을 수 없었다. 대학 진학을 생각해 보았지만 집안 형편상 그것은 생각도 하지 못할 일이었다.

'그렇다면……'

아무리 머리를 싸매고 궁리를 해보아도 별 뾰족한 수가 보이지 않았다. 아이크가 그런 고민에 잠겨 있을 때 어느덧 졸업시즌이 다가오고 있었다.

Dwight David Eisenhower

에드가 형을 위하여

고등학교를 졸업한 아이크는 '앞으로 무엇을 할 것인가'에 대해 다시 고민하기 시작했다. 그는 캔자스대학교 같은 곳에 진학해서 공부를 계속할 수 있을 만큼 집안 형편이 좋지는 못했다. 물론 부모님은 아이들이 대학을 졸업하고 장차 사회에 기여하는 훌륭한 직업인이 되기를 간절히 바랐다. 하지만 경제적 형편상 대학에 가려면 아이들 스스로 그 문제를 해결해야 했다. 아이크는 자신이 장래에 대한 아무런 계획이 없다는 것 때문에 괴로웠다. 그렇다고 아버지처럼 별볼일없는 가난뱅이가 되는 것은 생각만 해도 끔찍했다. 큰형 아더는 진작 대학교육을 포기하고 고등학교를 마치자마자 캔자스시에 직장을 구해 집을 떠나버렸다. 부모님은 맏아들이 대학에 가지 않고 집을 떠난 것이 가슴 아팠지만 그 밑에 여러 아들이 연이어 쑥 쑥 자라나고 있었으니 마음만 안타까울 뿐이었다.

그래도 아버지는 둘째인 에드가만큼은 대학에 보내야겠다고 마음먹고 생활비를 최대한 절약해서라도 학비를 대주겠다고 말했다. 하지만 에드가는 아버지에게 부담을 주기 싫다면서 거절했다. 무엇보다 그는 앞으로 자신이 무엇을 할 것인가에 대한 계획이 확고했다.

"아버지, 제가 대학에 가게 되면 아버지와 어머니는 물론 동생들이 얼마나 고생이 되겠습니까? 대학은 제가 벌어서 가겠습니다."

그는 자신이 직장생활을 해서 돈을 번 후에 미시간대학교에 들어가겠다고 말하고 일을 시작했다. 미시간대학교에는 고등학교 시절 에드가가 존경하던 은사가 법대 교수로 재직하면서 학생들을 가르치고 있었다. 그는 그 학교에 가서 법률 공부를 하겠다는 꿈이 있었다.

아이크는 자신의 진로 문제를 에드가 형과 상의했다. 당시 에드가는 돈을 벌고는 있었으나 대학에 갈 수 있는 학자금의 절반도 모으지 못한 상태였다. 형의 이야기를 들은 아이크는 이렇게 말했다.

"좋아. 내가 돈을 벌어서 학비를 대줄게. 형이 먼저 대학에 가. 그 대신 학업을 마치면 취직해서 형이 내 학비를 대주면 되잖아."

아이크의 명쾌한 결정에 에드가는 내심 기뻤으나 한편으로는 동생이 걱정돼 이렇게 물었다.

"그러면 너는 2년 이상이나 고생을 해야 하잖아?"

"그래도 이게 우리 둘 모두 대학을 갈 수 있는 유일한 방법이야."

에드가는 동생의 현명한 판단에 고개를 끄덕였고, 두 형제는 의기가 통해서 그렇게 하기로 결정했다.

다음 날부터 아이크는 일자리를 찾아나섰다. 처음부터 고상한 일자리를 원하지는 않았다. 돈이 되는 일이라면 아무리 험한 일이라도 닥치는 대로 하기로 마음먹은 그는 아버지가 다니는 밀크공장의 시간제 일을 비롯해서 근 2년 동안 여러 임시직장을 전전했다. 아직 이 세상에서 자신이 하고 싶은 일이 무엇인지조차 몰랐기에 고된 작업을 마다하지 않고 즐겼다. 낙천적인 성격인 그는 많은 일을 하다 보면 자신의 적성에 맞는 일이 나타나리라 믿었다.

그의 일상생활은 과격한 중노동으로 가득 차 있었다. 얼음을 나르고, 화로에 불을 때고, 마차에 짐을 실었으며, 가끔 공장이 쉴 때는 시내에서 여러 가지 막일을 찾아서 했다. 그런 힘든 일을 할 수 있었던 것은 그의 체력이 뒷받침되었기 때문이다.

아이크는 고등학교를 졸업하고부터 몸이 무척 좋아졌다. 성인이 된 그는 신체적으로 무척 성숙해져서 가슴은 두툼해지고 어깨와 손발의 근육이 무쇠같이 단단해졌다. 그는 이제 에드가보다도 덩치가 좋아져서 체중도 많이 나가고 힘도 훨씬 세졌다. 아이크는 몸이 근육질로 변해서 동생 알이 배를 주먹으로 힘껏 가격해도 까딱도 하지 않았다. 어려서부터 오랫동안 소망했던 에드가 형을 때려눕히는 일이 이제는 가능하겠다는 자신감이 생겼으나 곧 그는 자신의 어린아이 같은 유치한 발상에 피식 웃고 말았다.

아이크는 충실히 돈을 모아 에드가 형에게 학비를 보내주었다. 이 일로 그는 부모는 물론 주위 사람들로부터 착하고 심려 깊은 젊은이로 칭송을 받았다. 그의 유일한 사치는 엽총을 사서 친구들과 사냥을 다니는 일이었는데, 고등학교 동창인 식스 맥도넬과 함께 사냥을 다니면서 토끼, 메추라기, 다람쥐 등을 잡으며 고된 노동에서 오는 피로를 풀고 기분전환을 하곤 했다.

그 무렵 아이크는 이런 생각을 하기 시작했다.

"나는 나의 노력이 다른 사람들에게 어떤 의미를 주리라는 희망을 품을 때 비로소 인생의 보람을 느낀다. 사회가 나에게 베푼 고마운 일들에 보답하는 길은 무엇일까?"

Dwight David Eisenhower

꿈에 그리던 웨스트포인트로

아이크가 힘든 노동에 지쳐가고 있을 때였다. 그에게 새로운 기회가 찾아오고 있었다. 그것은 스웨드 해즐릿이라는 고등학교 동창 때문이었다. 학창시절 해즐릿과는 별로 친하지 않았는데 아이크가 크림 제조공장의 야간부 책임자가 되면서부터 갑자기 친해졌다. 아이크는 이따금 기관실에 친구들을 불러 카드놀이를 했는데 해즐릿은 그때 찾아오던 무리 중 한 명이었다.

젊은이들은 카드놀이를 하면서 세상 돌아가는 이야기와 자신들의 장래에 대한 이야기를 늘어놓았다. 해즐릿은 해군사관학교로 진학할 계획이라고 말하면서 그곳에 대한 찬미와 해군이 되면 좋은 점을 늘어놓았다. 처음에는 그 이야기를 건성으로 듣고만 있던 아이크도 얼마 후 그의 말에 깊이 매혹되었다. 사관학교에 진학하면 무상으로 교육을 받을 수 있고, 졸업 후의 진로까지 보장된다는 점 때문이었다. 아이크가 해즐릿에게 물었다.

"해군사관학교로 가려면 시험을 치러야 하잖아?"

"물론이지. 거기다 유력인사의 추천도 있어야 해."

뜻밖의 이야기를 들은 아이크는 실망하면서 말했다.

"나에게는 그런 정치적 연줄이 없어."

"그것은 상관없어. 이 지역 의원에게 부탁하면 들어줄 거야."

해즐릿의 말 한마디에 간단하게 고민이 해소된 아이크는 또 다른 고민이 있었다. 전쟁과 군국주의에 대한 부모님의 혐오감을 알고 있었던 터라 자신이 군인이 되기 위해 해군사관학교에 간다고 하면 부모님이 반대할 게 뻔했기 때문이었다. 그러나 그는 굳은 결심을 했다.

'결국 문제는 나의 일생에 관한 일이다. 아무리 부모님이라도 내 앞날을 막을 수는 없다.'

그날 밤 아이크는 해즐릿, 그리고 단짝 친구인 식스와 의논한 후, 그 지역 선거구출신 하원의원과 상원의원에게 해군사관학교에 진학할 수 있도록 추천을 요청하는 편지를 썼다.

며칠 후 아이크는 조지프 브리스토우 상원의원으로부터 웨스트포인트에 시험을 치라는 추천장을 받았다. 해군에 지원해서 같이 가려던 해즐릿은 실망했지만 아이크는 해군보다는 육군이 더 좋다고 생각했다. 바다를 한 번도 본 적이 없었던 그는 바다에 대한 막연한 두려움이 있었기 때문에 해군이 멋있다고 실감하지 못했던 것이다. 아이크는 시험을 보러 가기 전에 부모님에게 그 사실을 알리지 않을 수 없었다.

"저 이번에 육군사관학교에 들어가려고 시험 봐요."

예상했던 대로 아들의 말을 들은 어머니는 완전히 놀라서 쓰러지기 직전의 상태가 되었다. 전쟁은 부도덕한 것이고, 죄 없는 사람들의 집이나 수확물을 불태우는 파괴행위이며, 살인행위 이외에는 아무것도 아니라고 늘 말하던 그녀였다. 그녀는 노여움을 숨기려고 애쓰면서 말했다.

"너는 어째서 창창한 앞날을 하나님의 뜻을 거역하는 일에 쓰려 하느냐? 네가 가려는 길은 군인이 되어서 전쟁을 수행하는 죄업의 길이다. 어찌 부도덕한 전쟁의 길을 찾아서 간단 말이냐?"

아이크는 고개를 숙인 채 온순한 태도로 어머니의 말씀을 들었다. 그리고 어머니의 말이 끝나자 이렇게 대답했다.

"어머니, 사관학교에 가는 것은 전쟁에 나가는 것과는 달라요. 그곳은 훌륭한 대학교육을 시켜주는 곳이죠. 그것도 무료로 말입니다. 졸업을 한 후에도 반드시 군인이 되란 법은 없어요. 자기가 선택한 곳에 자유롭게 취업할 수 있어요."

하지만 어머니는 아들의 말을 믿지 않았다. 종교적 신념인 평화주의 철학을 소중히 여기는 어머니는 되도록이면 아들이 택한 길을 단념시키려고 애썼다. 그것이 부모의 의무라고 생각했기 때문에 아들에게 그 길을 가는 것을 포기하라고 거듭 설득했다. 그러자 아들이 말했다.

"지금은 전쟁이 일어난 시기도 아니잖아요. 저는 꼭 사관학교에 가고 싶어요. 제가 여기서 아버지처럼 평생 크림공장에서 뼈 빠지게 일이나 하는 것이 좋으세요?"

그 말을 들은 어머니는 아이크의 마음이 이미 사관학교로 가 있는 것을 알고 마음이 약해졌다. 그녀는 자신의 신념 때문에 아들의 마음을 상하게 하고 싶지는 않았다. 그러면서 그녀는 생각했다.

'인간에게 타인을 재판할 권리는 없지 않은가? 하나님만이 그 권리를 가지고 있으시니까 나는 이제 모든 것을 하나님에게 맡겨야 할까 보다.'

그런 그녀의 생각은 그녀가 믿는 메노나이트교파적인 신앙과 일치하는 것이기도 했다. 아이크의 아버지도 메노나이트 교회의 독실한 신도답게 비폭력주의자였지만 아들의 뜻을 존중하여 웨스트포인트에 입학하는 것을 허락했다.

1911년 1월, 아이크는 세인트루이스에서 웨스트포인트에 가기 위해 입학시험을 쳤고 좋은 성적으로 합격했다. 아이크가 합격 소식을 알렸을 때 어머니는 아무 말도 하지 않고 2층 자기 방으로 가서 하나님에게 감사의 기도를 올리며 울었다. 그해 2월에는 해즐릿이 해군사관학교에 합격했고, 두 친구는 작별의 인사를 나누고 각자의 학교를 향해 떠났다.

Dwight David Eisenhower

평범한 육사생도

웨스트포인트에 입학한 신입생은 265명이었다. 아이크는 연병장에서 회색 제복을 입고 군악대의 연주에 따라 사열식을 하면서 깊은 감동을 느꼈다. 이제 자신은 캔자스란 시골의 촌뜨기가 아니라 다른 젊은이들과 함께 미국이란 국가와 운명을 같이할 의무와 명예를 지닌 나라의 간성干城이 된 것이었다. 그는 국가에 대한 충성의 맹세를 했을 때 자랑스러운 긍지와 겸허한 봉사의 마음이 가득 피어오르는 것을 느꼈다. 군기, 군악, 행군, 총기 다루기와 같은 것들을 배우면서 귀하고 아름다운 감각을 느끼게 되었는데, 그는 그것이 엄정한 청교도적 국가의식이고 웨스트포인트의 스타일이 아닐까 생각하곤 했다.

웨스트포인트의 교칙에는 학교가 원하는 인간형이 명확하게 제시되어 있었다. 사관생도는 국가가 원할 때 언제나 명령에 순종해야 하고, 기꺼이 국가를 위한 도구가 되어야 하며, 그것에 따르려 하지 않는 자나 따를 수 없는 자는 즉각 퇴교해야 했다.

아이크는 교련, 체조, 행군, 사격 등의 고된 훈련에도 비교적 잘 적응했다. 웨스트포인트에서의 생활은 평범한 육사생도의 바로 그것이었다. 그는 고등학교에서처럼 공부에 그다지 신경을 쓰지 않았고, 운동과 놀이에 빠져서 지냈다. 시험기간에 친구들이 벼락치기 공부를 하고 있을 때에도 그는 자기 방에서 책상에 두 발을 얹고서 잡지책을 보곤 했다. 그는 공부에는 큰 흥미가 없었으며 승진에도 그다지 관심이 없었다.

성적이야 어찌 되었든 아이크는 생도들 사이에서 인기가 있었다. 그것은 그의 해밝은 미소와 낙천적인 태도 때문이었다. 그는 사람들과 잘 어울렸고, 사람들도 그를 좋아했다. 잘생긴 얼굴에다 호감 가는 미소를 짓고 항상 쾌활한 모습을 보이는 그를 모든 사람이 좋아했다. 그는 샤워할 때 곧잘 '내 사랑 클레맨타인' 같은 구닥다리 노래를 목청껏 부르곤 했는데 동기들은 그런 그의 모습을 아주 좋아했다.

아이크는 모범생도와는 거리가 멀었다. 그는 재미있는 일이라면 그것이 패싸움이든 데이트든 상관하지 않고 끼어들었다. 종종 생도 규정과 조직의 룰을 어기면서 재미있는 일을 찾아 빠져나갈 기회를 노리기도 했다. 고기잡이를 위해 배를 빌려 허드슨강 상류까지 가느라 군영을 이탈한 적도 있었으며 댄스파티나 단순히 군것질거리를 사기 위해 몰래 외출을 감행하곤 했다.

그렇게 수시로 규율을 어겼으니 들키지 않을 리 없었다. 그는 규율을 어긴 벌로 계급이 강등되기도 했는데 질책이나 벌이 심하다고 여기면 강력하게 항의했다. 그러다가 상관에 대한 불복종으로 간주되어 사관학교에서 쫓겨날 위기에 처하기도 했다.

아이크는 무조건 규칙에 복종하는 것을 싫어하면서도 '명령에는 무조건 복종한다', '개인보다 집단이 우선이다' 등의 규율을 강조하는 웨스트포인트의 전통을 배워나갔다. 하지만 그는 여전히 학과 성적이나 임관된 후의 진급 문제 따위에 그다지 관심을 기울이지 않는 낙천적인 생도였다.

당연히 그의 학과 성적은 그다지 우수하지 못했다. 그는 책벌레가 되기보다는 축구선수로 이름을 날리는 일에 더 큰 열의를 가지고 있었기 때문에 운동 경기에서 발군의 실력을 발휘했다. 축구뿐만 아니라 권투, 야구, 육상 경기에도 참여해 두각을 나타내면서 대단한 명성을 얻었다.

Dwight David Eisenhower

돌진하는 하프백

아이크는 미식축구에서 탁월한 기량을 발휘했다. 몸이 좋아진 탓에 그의 실력은 둘째 형 에드가보다도 월등해져 있었다. 아이크의 룸메이트인 캔자스 출신의 알프레드 하지슨도 축구를 대단히 잘해서 상급생으로부터 인정을 받았고 두 사람은 명콤비가 되어 함께 그라운드를 누볐다.

아이크는 연습 시간에 제일 먼저 나왔다가 끝까지 남아서 연습을 하고 돌아갔는데, 이런 그의 열성적인 자세는 감독인 마티의 눈에도 띄었다. 그의 플레이는 훌륭했다. 태클은 무서웠고 블로킹은 아름다웠으며 달리기는 맹렬했다. 시즌이 끝나기도 전에 마티는 아이크가 팀의 대들보가 될 것을 확신했다.

마티의 눈은 정확했다. 주전으로 뛰던 키즈라는 선수가 스티븐스와의 첫 시합을 앞두고 부상을 당하자 그는 아이크를 하프백에 기용했다. 경기에 출전한 아이크는 웨스트포인트가 27대 0이라는 압도적인 승리를 하는 데 커다란 공헌을 했고, 그 후에 벌어진 경기에서도 힘과 속도를 교묘히 조절하는 능란한 플레이로 팀의 승리를 견인하곤 했다. 그 결과 시즌이 끝날 무렵 아이크는 웨스트포인트에서 가장 인기 있는 선수가 되었다.

뉴욕의 신문들은 아이크를 가장 촉망되는 선수로 지목해서 보도하기 시작했다. 뉴욕의 신문에 공을 차고 있는 아이젠하워의 사진이 실리고 기사가 나가자 그는 일약 스타덤에 올랐고 그 기사는 아빌렌에서도 커다란 자랑거리가 되었다. 그의 고등학교 동창들은 뒤를 맡기에는 너무도 느림보였던 자기들의 친구가 '돌진하는 하프백'으로 활약하고 있다는 신문기사에 놀랐고 그의 체중이 90킬로그램이나 나간다는 사실에 다시 한 번 놀랐다. 정말로 아이크는 아빌렌을 떠난 후 완전히 성장했다.

아이크가 다른 선수들보다 인기가 더 있었던 이유는 시합 때마다 전혀 힘들어하거나 어려워하지 않는 것처럼 보였기 때문이다. 그가 공을 잡으면 전력질주를 해도 난폭하거나 거칠어 보이지 않았고 마치 날쌘 물고기가 파도를 헤치고 솟아오르는 듯 유연하게 보였다.

가장 촉망받는 하프백으로 명성을 날리던 아이크에게 갑자기 불운이 찾아들었다. 시합 도중에 쓰러지면서 무릎이 부러지는 부상을 입은 것이다. 그는 신음소리를 내지 않으려고 이를 악물고 잔디를 쥐어뜯으면서 땅바닥에 쓰러졌다. 그 순간 재빨리 달려와서 자신의 상태를 살피는 군의관에게 아이크가 물었다.

"저, 괜찮겠지요? 해군과의 경기에 뛸 수 있겠지요?"

그는 자신이 아픈 것보다는 해군과의 시합에 나갈 수 있을지가 더 걱정이었다. 아이크의 다리를 찬찬히 진찰하던 군의관이 심각한 얼굴로 말했다.

"이보게. 자네는 지금 해군과의 시합을 걱정할 때가 아닌 것 같아. 지금 자네가 입은 부상은 금년뿐만 아니라 앞으로 두 번 다시는 축구를 할 수 없을지도 모르는 상태야."

그 말을 들은 아이크는 눈앞이 캄캄해지는 것 같았다. 전에 다리에 진폐증이 생겨서 죽음의 문턱을 드나들었던 악몽이 되살아났다. 아이크의 다리가 그 지경이 된 것은 저번 시합에서 삔 다리를 제대로 치료하지 않고 무리를 했던 탓이었다. 아이크는 심한 통증에 상처가 대단히 심하다는 것을 알 수 있었다.

정밀검사를 한 의사는 완치가 되더라도 축구는 할 수 없다는 진단을 내렸고, 만약 다시 축구를 해서 다리를 다치면 평생 불구가 되어 절름발이 신세를 면치 못할 것이라고 경고했다.

병상에 누워 있으면서 그는 축구에 장래를 걸려고 했던 자신의 꿈이 사라지는 허망함을 느껴야 했다. 그의 뺨에는 남몰래 굵은 눈물이 흘러내리고 있었다. 축구에서 A급 선수가 될 수 있었는데 왜 하나님은 이토록 가혹하신가, 하고 원망의 마음이 없는 것도 아니었다. 원망의 마음이 쌓이자 그는 차츰 난폭한 행동을 보이기도 했다.

마침 그가 누워 있는 병실에는 무기를 잘못 다룬 사고로 그보다 더 심하게 다친 다른 동기생이 입원하고 있었다. 그가 고통을 호소하며 간호사를 호출하고 있는데도 간호사는 다른 일만 하면서 신경을 쓰지 않았다. 이를 보다 못한 아이크가 침상에서 벌떡 일어나 앉으며 소리쳤다.

"뭐 하는 거야? 저 환자가 부르는 소리가 안 들려? 당장 필요한 조치를 안 해주면 지옥에 처넣어 버릴 거다!"

이에 간호사는 잔뜩 겁을 먹고 그때부터 환자의 간호에 세심한 신경을 쓰기 시작했다.

다행이 아이크의 부상은 빨리 나았다. 그렇다고 해서 다시 축구를 할 수 있는 것은 아니었기 때문에 퇴원을 한 후에도 아이크는 정신적 공황 상태를 겪어야 했다.

이후 그는 성실하지 못한 자세로 조금은 삐딱한 생도생활을 영위했다. 기상 시간이나 점심식사 시간에 지각하기 일쑤였고 훈련을 할 때 복장이 단정치 않아서 지적을 받거나 룸메이트의 선반에 빗자루를 얹어 두었다가 걸리는 등 사소한 것들로 계속 벌점을 받았다. 당연히 성적도 몹시 떨어졌다. 212명 중 57등이었던 성적이 117명 중 81등으로 미끄러졌다. 이처럼 미식축구를 포기해야 한다는 것은 아이크에게 큰 충격이었다. 훗날 그는 당시 심정을 이렇게 회고했다.

"부상당했을 때, 나는 다시는 축구를 할 수 없다는 생각 때문에 두 번이나 학교를 그만두려고 했습니다. 그러나 그때마다 동기들이 저를 말렸죠. 한 번은 자퇴서를 제출했는데, 동기들이 그것을 보류시켰어요. 그들은 중대장에게 부탁해서 저의 자퇴서를 수리하지 말아달라고 했습니다. 그래서 결국 저는 계속 학교에 남게 되었습니다."

학교에 남기로 결정한 아이크는 다시 성실한 자세로 돌아왔다. 그러나 당시 웨스트포인트에는 체육활동을 빼고는 교과과목 외에 특별한 활동을 벌일 일이 없었다. 아이크는 여전히 초년생일 때처럼 군인다워지려고 노력하지도 않았고, 학업 따위에는 무관심했기 때문에 열심히 공부하기보다는 노는 걸 더 좋아했다. 한때 댄스에 빠져서 몰려다니다가 경고를 받기도 했다. 그러니 학과성적은 올라갈 기미조차 보이지 않았다. 그러나 아이크는 그런 것에 대해서 별다른 걱정을 하거나 초초해하지 않았고 그저 그런 평범한 학생으로서의 평판을 얻었다.

아이크는 자신이 학업에 무관심했던 일화를 직접 고백하기도 했다.
"전쟁사 시간이었지요. 그 과목에서 배우는 것 중에 게티즈버그 전투가 있었는데, 양측 군대의 야전사령관들의 이름을 모두 외워야 했습니다. 게다가 각 지휘관이 내린 명령의 정확한 성격이나 시기, 상황, 작전이 이루어진 장소 등을 상세하게 외우려면 잠시도 쉴 틈이 없었죠. 제가 아무리 기억력이 뛰어났더라도 그건 힘들었을 겁니다.

전 그런 과목엔 전혀 흥미가 없었기 때문에 집중하질 않았죠. 결국 전쟁사에서 낙제를 면하지 못했습니다."

아이크는 공부에는 별다른 흥미를 보이는 것 같지 않았지만 군사전략에서 중요한 각종 숫자까지 게걸스럽게 암기하는 특별한 기억력을 지니고 있었다. 게다가 영어작문에 놀랄 만한 솜씨를 지니고 있어 1학년 때 영어석차는 212명 중에서 10등이었다. 훗날 명석하고 조리 있는 그의 문장은 그가 출세가도를 달리는 데 커다란 밑천이 된다.

Dwight David Eisenhower

응원단장 아이크

    2학년이 되어 아이크에게는 축구에서 얻었던 명성을 다소나마 보충하게 되는 사건이 일어난다. 축구부원으로서가 아니라 그 축구부를 응원하는 리더인 응원단장이 된 것이다. 응원단장이란 자리는 생도들에 의해 선출되는 단 하나뿐인 자리였는데, 인기는 물론 리더십이 필요한 자리였다. 생도들은 압도적 다수로 아이크를 선출했다. 아이크는 응원단장이 되고 나서 자신이 생도들 사이에서 가장 인기가 있다는 사실을 알고 놀랐다.

  그는 응원 단장으로서 어떻게 리더십을 발휘해야 할 것인가를 두고 고민한 끝에 매일 연습장에 제일 먼저 나가 제일 늦게 돌아가기로 하고 그것을 실천에 옮겼다. 초년생들이 그런 그를 믿고 따르자 그는 비로소 자신이 다른 사람들을 이끄는 재능을 타고났다는 사실을 깨달았다. 매일 오후 아이크는 연습에 나온 팀과 응원 나온 생도들을 휘어잡고 지휘했다. 그는 무수한 사람들을 자시의 의지대로 지휘할 수 있는 놀라운 재능을 갖고 있었다.

응원단장으로서의 아이크는 정력적이고 항상 신선한 힘이 넘쳤다. 그에게선 언제나 유쾌함과 친밀감 그리고 풍부한 유머감각이 넘쳤다. 아이크의 가장 큰 재산은 주위 사람들을 자석처럼 끌어당기는 능력이었다. 모든 이들이 그를 좋아했고, 그 역시 사람들을 좋아했다. 그것은 600명이 넘는 생도들의 사기를 올리고 스포츠맨십을 키우는 데 큰 영향을 미쳤다. 그는 리더십에 관한 한 사람의 힘을 이끌어내는 총명함을 타고났다. 그래서 그는 경기장의 지휘관이라고 불릴 만큼 대단한 파워를 가진 응원단장이 되었다.

'생도의 날' 행사에서 아이크는 누구도 보여줄 수 없는 야성적이고 남성미 넘치는 끼를 보여주었다. 응원단장의 지휘 아래 펼치는 파워풀하고 열정적인 생도들의 동작은 그 날이 '생도의 날'이 아닌 '아이젠하워의 날'이 된 듯한 착각을 일으키게 했다. 그는 항상 자신감에 차 있었고, 그것을 바탕으로 전체 분위기를 주도해 나갔다.

"득점하는 것보다는 경기 자체를 즐기고, 잡아놓은 사냥감보다는 사냥에 충실하도록 하자. 우리가 공정하게 경주하고 깨끗하게 경쟁한다면 멋지게 해군을 이길 수 있을 거야. 하지만 잊지 말아야 할 건 최선을 다해 좋은 경기를 펼쳐야 한다는 것이지."

생도들은 그의 말에 동의했다. 그의 담대함과 명랑함은 다른 사람에게 전염병처럼 옮겨가서 생도들을 대범하고 낙천적인 성품으로 바꾸어놓곤 했다.

Dwight David Eisenhower

보병 소위, 결혼하다

아이크는 1915년에 총 졸업생 164명 중 61등의 성적으로 웨스트포인트를 졸업했고 곧바로 보병 소위로 임관했다. 소위로 임관한 아이크는 텍사스 주 샌안토니오로 발령받았다. 그때부터 그는 태평양전쟁이 발발하기까지 긴 시간 동안 아주 평범한 군인의 길을 걸었다. 소령까지는 쉽게 진급이 되었으나 그 후가 문제였다. 특별한 보직이 맡겨지는 것도 아니었고 진급이 되는 것도 아니었다. 그러나 그는 실망하거나 낙담하지 않고 묵묵히 자기 일을 해나갔다. 훗날 돌이켜보면 맡은 바 임무를 성실히 이행하면서 웅비의 힘을 기른 때라고 해도 무방할 시기였다.

아이크가 최초로 발령받아서 간 샌안토니오는 그에게 커다란 의미가 있는 땅이었다. 그곳에서 조용하고 현숙하며 진실된 로맨스가 그를 기다리고 있었던 것이다. 어느 날 근무를 마친 아이크가 자신이 묵고 있는 독신 장교 기숙사로 돌아가고 있었다.

"안녕하세요? 드와이트 소위님!"

얼마 전에 알게 된 헐 해리스 양이 인사를 건넸다. 그녀의 곁에는 한 번도 본 적이 없는 아가씨가 서 있었다. 새하얀 드레스를 입은 날씬한 아가씨였다. 그녀는 갈색 머리카락과 보랏빛 눈을 가지고 있었는데, 새하얀 드레스가 그녀의 아름다움을 더욱 돋보이게 하고 있었다. 그가 여태까지 본 아가씨들 중에서 가장 귀여운 아가씨였다.

그날 해리스 양은 아이크를 자기 집 저녁식사에 초대했고, 그는 속으로 저 아가씨도 참석하면 얼마나 좋을까, 하고 생각했다. 그는 만약 그녀가 그 자리에 참석한다면 데이트를 신청하리라 마음먹고 해리스 양의 초대에 응했다.

드디어 그날이 다가왔다. 아이크는 제복을 정성껏 다려 입고 머리를 손질한 후 해리스 양의 집을 찾았다.

'오! 하나님!'

그는 자신도 모르게 그렇게 내뱉었다. 그 자리에 하얀 드레스의 그녀가 있었던 것이다. 그리고 우연한 행운인지 아이크는 그녀와 마주 앉게 되었다. 마미 제네바 도드Mamie Geneva Doud, 이것이 그녀의 이름이었다. 그녀는 정육포장업으로 성공을 거둔 사업가의 딸이었다.

저녁식사가 끝나고 돌아오는 길에 아이크는 그녀와 함께 걷게 되었다.

"저는 지금 저희 부대 위병들 사열을 하러 가야 하는데 같이 가주시지 않겠습니까?"

그다지 큰 기대를 하지 않고 말을 걸었는데 그녀는 다소 놀란 듯한 표정을 지으며 그의 요청에 응했다. 두 사람은 함께 걸어서 부대까지 갔고 그녀는 멀찍감치 떨어져 그가 위병 사열을 하는 모습을 바라보았다. 사열이 끝나자 두 사람은 많은 대화를 나누며 호젓한 길을 걸었다. 포장도 안 된 길을 걷느라 발이 흙투성이가 되었는데도 도드 양은 유쾌한 대화를 즐기며 마냥 상냥하기만 했다. 그러는 사이 그는 마미 도드와 결혼해야겠고 결심했다. 그것은 지금까지 어떤 여자에게서도 느껴보지 못했던 감정이었다.

"저, 내일 저녁 우리 부대 클럽에서 파티가 열리는데 함께해 주셨으면 좋겠습니다."

그러자 그녀는 깜짝 놀라는 표정으로 말했다.

"저는 이미 선약이 있어요."

아이크는 그 다음 날 밤은 어떻겠느냐고 물었고 그녀는 그때 역시 약속이 있다고 대답했다. 난감해진 그는 그러면 3일 후 밤은 어떻겠느냐고 물었다. 그러자 그녀는 그가 멍청하거나 치근거리며 매달리는 타입이라고 생각했는지 웃음을 터뜨리며 말했다.

"어쩌지요? 축제기간이라서 4주일 동안 모두 약속이 있어요."

그녀는 유달리 인기가 많은 아가씨였다. 그러자 아이크는 아주 차분한 목소리로 이렇게 물었다.

"알았습니다. 그렇다면 4주일 뒤면 어떻습니까?"

그러자 도드 양은 까르르 웃으면서 말했다.

"그래요. 4주 후에는 시간이 있어요."

그녀는 지금까지 자신이 만난 남자들 중에서 이 남자가 가장 진실되고 놀랄 만한 자신감을 지닌 사람이란 것을 직감했다.

몇 주일 후, 마미 도드는 아이크의 웨스트포인트 동기생들이 보낸 반지를 선물 받았다. 그리고 두 사람은 1916년 7월 1일 결혼식을 올렸다. 마침 바로 그날, 아이크는 중위로 진급했다.

"야, 아이크! 결혼과 진급을 동시에 축하한다."

결혼식에 참석한 동기생들이 진심으로 그들 부부의 행복을 빌며 축하해 주었다. 결혼식을 마친 신혼부부는 덴버를 떠나 동쪽으로 가는 유니온 퍼시픽 철도를 탔다. 캔자스에 있는 아이크의 집을 향해서 떠난 것이다. 캔자스의 집에서는 아버지와 어머니가 두 사람을 기다리고 있었다. 시어머니인 아이다는 며느리를 포옹하고 반갑게 맞았다. 그녀의 얼굴은 흐뭇한 미소로 가득 찼고 온정이 넘치고 있었다. 그녀는 즐거운 마음으로 고집이 센 여섯 명의 사내아이들을 키운 이야기며 농사를 짓는 일, 그곳 교회의 일 등을 며느리에게 이야기했다. 그녀가 그렇게 이야기를 늘어놓은 것은 며느리가 아이젠하워 집안에 하루라도 빨리 적응하기를 바라서였다. 아이다는 며느리에게 이렇게도 말하기도 했다.

"말하자면 나는 아주 구식 여자인 셈이지. 남편은 집안의 가장이고 내가 할 일은 남편을 위해서 가정을 돌보는 일이었어. 가정은 남편을 중심으로 해서 돌아가면 되는 거야. 하지만 나는 남편을 조종하는 일이 필요할 때 남편 몰래 잘 해냈단다."

아이크 부부의 결혼생활은 달콤했고 그들은 축복받은 사랑의 가정을 일구어나갔다. 그러던 중 1917년이 밝아왔을 때 마미는 미래에 대해서 심각한 불안을 느끼게 되었다. 미국이 제1차 세계대전에 참전을 하게 된다면 아이크도 출전을 하지 않을 수 없을 터였다. 그녀는 전쟁 때 군인의 아내가 무엇을 의미하는지 이해할 것 같았다. 이제 미국이 참전하는 일은 한 점의 의심도 가질 수 없게 되었다.

마미가 잔뜩 불안해하고 있는 반면 아이크는 보병인 보직을 비행대로 전속시켜달라고 청원할 작정을 하고 있었다. 그는 신이 나서 아내에게 미래의 전쟁은 하늘에서 결정하게 되어 있다고 말했다. 아이크의 말을 듣던 마미가 그를 제지하고 나선 것은 바로 그때였다.

"나는 당신을 저런 위험한 나무틀에 타게 하고 싶지는 않아요."

아이크는 비행기를 탄다고 반드시 위험한 것은 아니라고 아내를 설득했다.

"당신이 비행대로 가는 것은 무조건 싫어요. 거기에는 독신자가 얼마든지 있잖아요. 당신처럼 아내와 아이까지 있는 사람이……"

아이크는 퍼뜩 아내를 쳐다보았다.

"당신 지금 뭐라고 했지?"

"아내와 자식이라고 했어요. 저는 지금 홀몸이 아니라고요. 조금 있으면 우리의 아기가 태어나요. 그런데 당신은……"

마미는 말끝을 맺지 못하고 결국 울음을 터뜨렸다. 그 순간 논쟁이 끝났다. 아이의 존재를 알게 된 아이크는 이미 비행기고 전쟁이고 모든 것을 잊어버렸다.

아이크는 아기가 태어날 때까지 텍사스에 있을 수 있기를 마음속으로 간절히 바랐다. 그런데 그해 5월 대위로 진급한 후 9월 중순에 명령서를 하나 받고 실망감에 맥이 빠졌다. 장교 교육대의 교관으로 조지아 주의 포트 오글소프로 발령을 받은 것이다.

아이크는 아기가 태어날 때 마미 곁에 있어줄 수가 없게 되었다. 그러나 마미는 이런 안 좋은 소식을 듣고 처음에 울 때와는 다르게 대범한 모습을 보였다. 그녀는 모든 일이 잘될 것이니 그런 걱정은 하지 말라고 오히려 남편을 위로했다. 이후 아이크는 임지로 떠났고 마미는 홀로 아들을 낳았다. 그 아이에게는 도드 드와이트 아이젠하워라는 이름이 붙여졌다. 그러나 첫 아들 도드는 1921년 성홍열로 죽었고, 다음 해인 1922년에 둘째 아들 존이 태어났다.

아이젠하워의 리더십

관심이 사람을 끌어들인다

아이크의 가장 큰 장점이자 매력은 사람들의 말에 완전히 몰입할 줄 아는 능력이었다. 그는 항상 상대방의 눈을 똑바로 쳐다보면서 상대방이 말하는 모든 말에 집중했고 그 사람과 하나가 되어 공감대를 끌어내곤 했다.

그의 동기 중 한 사람은 그를 이렇게 평가한다.

"저는 훈련 중에 그를 관찰할 기회가 많았습니다. 쉬는 시간에 그가 대화하는 걸 들으면서 점차 그에 대해 잘 알게 되었습니다. 그에게선 언제나 유쾌함과 친밀감, 풍부한 유머감각이 넘쳤습니다. 아주 인상적이었죠. 모든 이들이 그를 좋아했고, 그 역시 사람들을 좋아했습니다. 아이크의 가장 큰 재산은 주위 사람들을 자석처럼 끌어당기는 능력이었습니다. 그것은 어느 누구라도 아이크가 자신에게 순수한 관심을 보이고 있다고 느끼게 해주는, 값으로는 따질 수 없는 것이었죠. 아이크는 사람들에게 아부를 하거나 맹목적으로 칭찬하는 성격도 아니었습니다. 천성적으로 유쾌한 모습을 보였지만 언제나 좋기만 한 사람은 아니었죠. 그는 항상 상대방의 눈을 똑바로 쳐다보면서 상대방이 말하는 모든 말에 집중했죠. 제 생각에 아이크의 매력은 사람들의 말에 완전히 몰입할 줄 아는 데 있습니다. 사람들이 그를 좋아했던 건 그 때문이었을 겁니다."

Dwight David Eisenhower

길고 긴 인내의 삶

리더십이란 성실하고 고결한 성품 그 자체다.
리더십이란 잘못된 것에 대한 책임은 자신이 지고,
잘된 것에 대한 모든 공로는 부하에게 돌릴 줄 아는 것이다.

— 드와이트 D. 아이젠하워 —

3장

Dwight David Eisenhower

만년 소령

대기만성(大器晚成)이라는 고사성어가 있다. 그 말은 늦깎이 장군, 바로 드와이트 데이비드 아이젠하워를 일컫는 말처럼 들린다. 그는 생도시절 임관 후의 진급 문제에 대해서는 눈곱만큼도 생각해 보지 않았다. 그런 그의 태도는 직업군인으로 임관하고 나서도 별반 달라지지 않았다.

아이크는 1915년 보병 소위로 임관한 후, 남들처럼 소령까지는 무난하게 승진을 했다. 그런데 소령이 되고나서부터가 문제였다. 그는 47살이 되도록 14년 동안 만년 소령으로 지내야 했다. 진급도 진급이지만 오르지 않는 적은 소령 월급으로 생활해야 했기 때문에 가족들은 가난한 생활을 면할 수 없었다. 그러나 그는 결코 실망하거나 낙담하지 않았다. 아이크는 어린 시절 어머니의 가르침대로 언제나 최선을 다해 '하나님이 준 패'를 활용했고, 맡은 바 임무를 성실히 이행하면서 최상의 결과를 얻기 위해 노력했다.

1917년 4월, 미국이 제1차 세계대전에 참전하게 되었을 때 아이크는 프랑스 전선으로 파견되기를 바랐다. 그 무렵 더글러스 맥아더 대령이 유럽 전선에서 무지개 사단을 이끌고 있었고 조지 패턴 대위는 퍼싱 장군의 보좌관으로서, 그리고 전차 부대의 야전사령관으로서 명성을 떨치고 있었다. 그런데 아이크는 12월 12일 육군의 특과학교 교관으로 미국 본토 훈련임무를 임명받았다. 전쟁에 나가서 공을 세우고자 했던 아이크의 꿈은 사라지고 말았다. 1918년 3월 24일에 받은 전속 명령 역시 본국 근무였다. 그는 전속 명령서를 받아들고 착잡한 기분이 되었다. 결국 맥아더나 패튼처럼 제1차 세계대전에 참전해서 공을 세우지 못한 그는 만년 소령으로 지내는 신세가 되고 말았다.

하지만 그가 허송세월만 보낸 것은 아니다. 그는 '보병과 신설 탱크부대 합동작전 훈련계획'을 계발해서 명성을 얻었다. 무엇보다도 그는 사랑하는 아내 마미와 두 아들과 함께 단란한 가정을 꾸리고 행복한 삶을 살고 있었다.

1922년, 그토록 해외 근무를 소망하던 아이크에게 기회가 왔다. 아이크의 '보병과 신설 탱크부대 합동작전 훈련계획'을 눈여겨보던 폭스 코너 준장이 파나마 근무를 제의해 온 것이다. 아이크와 마미는 그 제안을 열렬히 반겼다.

　1922년 1월 7일 아이크의 가족은 파나마로 향했다. 파나마에서의 생활은 만족스러웠다. 그들 가족은 프랑스인들이 살던 집에서 살았는데, 그 집은 파나마 운하가 내려다보이는 절경에 운치 있게 지어진 집이었다. 집뿐만 아니라 파나마의 따뜻한 기후와 풍부한 먹을거리가 모두 마음에 들었다.

　코너 장군이 아이크를 무척 좋아해서 마치 아들처럼 생각하게 되었다는 점 역시 그에게는 행운이었다. 그는 쉰 살을 바라보고 있었는데, 1898년에 웨스트포인트를 졸업한 후 대단히 폭넓은 군사적 경험을 쌓고 있었다. 제1차 세계대전 때 파견군 참모부의 작전과에서 근무하면서 육군의 최우수 장교의 한 사람으로 이름을 날렸고, 육군의 주요 포스트를 두루 거친 인물이었다.

　장군은 아이크를 보자마자 그가 입안한 '보병과 신설 탱크부대 합동작전 훈련계획'을 칭찬하면서 구체적인 사안을 물어보았고, 아이크는 소신껏 자신의 계획을 설명했다.

　두 사나이는 즉석에서 서로를 끌어당기는 힘을 느꼈다. 장군은 세계 정세를 내다보는 독특하고 예리한 시각이 있었다. 그는 1919년에 이제 막 끝난 전쟁이 비극의 제1막에 지나지 않는다고 결론 내리고 20년 이내에 또 전쟁이 일어날 가능성이 있다고 확신하여 젊은 아이크에게 그것을 대비하는 방법을 가르쳤다. 처음에 아이크는 세계 전쟁이 또 다시 일어나리라고 믿지 않았으나 시간이 지날수록 코너 장군의 선견력에 감복하고 있었다.

"그럼 그 전쟁은 언제쯤 일어날까요?"

아이크가 묻자 코너가 대답했다.

"십오 년, 어쩌면 이삼십 년 이내에는 확실하지."

그러면서 코너 장군은 당시 욱일승천의 기세로 중국과 동남아시아를 침탈하고 있던 일본을 주목할 것을 강조했다. 그것은 1922년의 일이었고 제2차 세계대전이 1939년에 발발했으니 코너의 예언은 거의 정확하게 맞아 떨어진 셈이다. 아이크는 코너 장군의 예견한대로 전쟁이 일어난다면 지금부터 힘써서 준비하는 것이 자신의 의무라고 생각했다.

어쨌거나 아이크는 코너 장군의 가르침을 잘 따랐고, 그것은 훗날 제2차 세계대전이 일어났을 때 그를 불세출의 영웅으로 만드는 데 큰 공헌을 하게 된다.

코너 장군은 유사시에 전술적 작전을 펼치고 작전을 효율적으로 수행하는 기본 업무를 가르쳤고 그것을 아이크에게 맡겼다. 3년 동안 수업을 받고 업무를 작성한 덕분에 아이크는 작전 명령을 작성하고 수행하는 것이 완전히 몸에 배게 되었다.

코너는 웨스트포인트가 정식 교육과정이 있음에도 가르치지 못했던, 군軍에 대한 사랑과 일반 역사를 아이크에게 주입시켰다. 고위지휘부의 소식을 듣는 데 빨랐던 그의 가르침은 장차 아이크에게 제2차 세계대전이 전개되는 여러 사건들을 보고 해석할 수 있는 지휘관으로서의 시각을 마련해 주었다. 그리고 때가 오자 독일과 이탈리아 적군은 물론 영국, 프랑스 연합군이 부족한 것과 필요한 것 그리고 그들의 관점이 무엇인가를 보다 잘 평가할 수 있었다.

아이크는 3년간의 파나마 근무를 마치고 본국으로 돌아왔다. 비록 진급은 되지 않았지만 그 사이에 아주 중요한 보직을 맡게 됨으로써 훗날 놀라운 도약을 하는 웅비의 힘을 기를 수 있는 시간이었다.

아이크의 운명을 결정적으로 바꾸어놓은 계기는 육군지휘참모대학을 다니게 되면서부터였다. 코너 장군은 아이크가 귀국할 때 지휘관과 참모본부 요원을 전문적으로 교육하는 육군지휘참모대학에서 공부할 것을 권했고, 그 학교에 입교할 수 있도록 주선했다.

코너는 아이크와 헤어질 때 그를 위해서 자기가 갖는 일체의 권위를 사용해 볼 작정이라고 했다. 그러므로 열심히 공부해서 입교 명령이 내렸을 경우를 대비하는 것은 아이크의 의무였다.

아이크는 육군지휘참모대학이 수년간 교재로 사용한 문제집의 사본을 입수하여 매일 문제를 풀면서 입교에 대비했다. 육군지휘참모대학에 입교한 후에는 학교의 엄격한 규율과 엄청난 과제 때문에 사생활을 위한 시간이 전혀 없었다. 그는 체력이 떨어지고 파김치가 되어가는 것을 느꼈으나 사관생도일 때와는 달리 이를 악물고 공부에 매진했다. 그 결과 아이크는 육군에서 가장 우수한 두뇌의 소유자들과 공부벌레들만 모인 275명 중에서 발군의 능력을 발휘하며 수석을 차지했다. 이에 코너 장군은 그에게 따뜻한 축하 인사를 보냈다.

1926년 12월, 조지아 주 포트 베닝의 제24보병 연대에서 근무하고 있던 아이크에게 미군 전적자료 편찬위원회에서 근무할 생각이 없냐는 제안이 왔다. 그가 명석하고 조리 있는 문장을 쓴다는 이유 때문에 추천받은 것이다. 아이크는 자신이 맡은 일이 장래를 위해서 무척 중요하다고 생각했기 때문에 아무런 주저 없이 그 제의를 받아들였다. 자신이 미군 전적戰績자료를 정리하고 편집함으로써 전쟁에 있어서 미국의 군사적인 역할, 특히 미국 원정군의 전략과 전술 및 보급 작전에 대해 최고사령관과 같은 수준의 상세한 지식을 얻을 수 있다는 점이 그로 하여금 그 일에 빠져들게 만들었다.

거기에 더 큰 행운을 안을 수 있게 되었다. 그것은 미군 전적자료 편찬위원회의 위원장인 퍼싱 장군을 수행하게 되었다는 점이다. 훗날 퍼싱 장군은 아이크의 가장 열성적인 후원자 중 한 사람이 되었다.

그 사이에 아이크는 육군지휘참모대학보다 더 유명한 육군대학에서 공부를 했다. 육군지휘참모대학이 지휘 장군들의 참모로 근무할 장교교육을 하는 반면 육군대학은 조직, 동원, 공급 그리고 전투에 군을 활용하는 방법을 포함해서 최고급 종합수준의 전쟁술을 가르치는, 말하자면 미래의 장군을 배출하는 교육의 장이었다.

1928년 육군대학을 졸업한 아이크는 프랑스로 발령을 받았다. 제1차 세계대전에서 미군이 세운 공을 기념하기 위한 '미국전투 기념탑 건립 위원회'에서 근무하기 위해서였다. 프랑스 근무는 그에게 두 가지의 기회를 주었다. 첫째는 제1차 세계대전에서 미국 해외파견군을 지휘했던 육군 최고고참 지휘관 존 퍼싱 장군의 참모로 일할 수 있는 기회를 잡은 것이고, 둘째는 서부유럽의 모든 전쟁터를 두루 돌아보고 이들 장소에 대한 안내서를 쓰게 되면서 전 서부전선을 망라하는 전투지역의 지형을 자세히 꿰게 된 것이었다. 이때의 경험은 미래에 그를 유럽연합군 총사령관으로 만드는 준비기간이 되어 주었다.

1929년 11월 8일, 아이크는 육군 차관보실의 보좌관이 되었다. 그는 수도 워싱턴에 살면서 그곳이 점차 나라의 중추신경이 되어가는 과정을 직접 경험했다. 그의 업무는 국내 정치, 국제 외교, 경제 및 군사정책을 하나의 전체적인 정부 계획의 테두리 안으로 통합해서 정리하는 어려운 행정 분야의 일이었기 때문에 하나하나의 나무를 보기보다는 숲 전체를 보는 눈이 필요했다.

1933년이 되자 아이크는 육군참모총장 더글러스 맥아더 장군의 참모가 되었다. 그로부터 2년 뒤 맥아더 장군을 따라 필리핀으로 부임하여 필리핀 군대의 재건을 지원한 공로로 필리핀 정부의 무공훈장을 받았고, 드디어 중령으로 감격스러운 진급을 하게 되었다. 그의 나이 47세 때의 일이다.

아이크는 한때 하도 진급이 안 되어 대령까지만 승진하면 소원이 없겠다고 말한 적이 있었지만 어느 순간 인생의 거대한 도전이 기다리고 있다는 것을 예감했다. 중령으로 진급한 이후 그는 1941년에 제3군 참모장, 1942년에 육군참모본부장으로 승진하며 군의 요직을 두루 거치고, 별을 단지 3년 만에 5성 장군이 되는 등 초특급 승진 가도를 달리게 된다.

  만약 아이크가 승진이 되지 못하는 것을 비관하고 군대를 떠났더라면 노르망디 상륙작전의 대성공도, 2대에 걸친 8년간의 미국 대통령이라는 찬란한 영광도 놓치고 말았을 것이다.

Dwight David Eisenhower

맥아더 장군과의 인연

아이젠하워는 더글러스 맥아더 장군과 묘한 인연을 맺었다. 1935년 그는 육군참모총장 맥아더 장군의 총장실에서 근무했고, 2년 뒤 맥아더 장군을 따라 필리핀에 부임하여 3년간 그의 부관 노릇을 하기도 했다. 그런 그가 이후 제2차 세계대전이 발발하자 유럽연합군 총사령관이 되어 노르망디 상륙작전을 성공적으로 이끌고, 국민적 영웅이 되어 귀국한 후에는 대통령이 되어 맥아더 장군이 지휘하던 한국전의 휴전까지도 성사시키게 된다.

아이크는 맥아더 장군의 참모로서 필리핀 군대의 재건을 지원한 공로로 필리핀 정부의 무공훈장을 받았고, 14년간의 소령 딱지를 떼고 드디어 중령으로 승진했다. 1935년부터 1939년까지 맥아더 장군 밑에서 근무한 이 기간은 고급 지휘관이 되기 위해서 그가 받고 있던 수업의 거의 막바지였다.

외부인의 관점에서 볼 때 떠오르는 젊은 장교에게 그 자리는 요직이었지만 맥아더는 까다롭기로 악명이 높았기 때문에 쉽지 않은 자리이기도 했다. 맥아더는 군인답지 않게 늦게 일어나기, 점심 오래먹기, 아주 늦게 잠자리 들기 등 불규칙적이고 괴팍한 습관을 지니고 있었고 변덕스러운 독재자였다. 또한 산더미 같은 업무를 그의 부관들, 특히 아이젠하워에게 가져다 안겼다. 아이크는 그런 업무를 거의 완벽하게 소화해 냄으로써 맥아더에게는 없어서는 안 될 존재가 되어 갔다.

사실 아이크는 참모직을 떠나 야전에서 군대를 지휘할 수 있기를 희망했다. 참모장교들이 군에서는 가장 힘 있는 사람들이었지만 그들이 최고위급으로 승진하는 경우는 거의 없었다. 그들은 후방에서 근무하기 때문에 훈장도 받지 못하고 공을 인정받지도 못했다. 설사 공이 생기더라도 대부분 그가 모시는 상관이 가로채는 경우가 많았다.

물론 아이크는 맥아더 밑에서 근무하면서 귀중한 교훈을 얻기도 했다. 세계에서 가장 힘 있는 군인 가운데 한 사람인 맥아더에게 어떻게 권력을 얻고, 행사하며, 유지해야 하는 것인지 배웠고 맥아더라는 터무니없이 까다롭고, 자아도취적이지만 한편으로는 추진력과 돌파력이 뛰어난 천재적 인물과 일하는 데 성공을 거둠으로써 대인관계를 실용적으로 이끌어낼 수 있게 되었다. 더불어 그는 아주 빈약한 자원을 가지고도 군을 일으키는 맥아더의 비범한 재능을 보고 그 방법을 터득하는 행운을 안았다. 그의 다양한 임무 중에 제일 중요했던 것은 필리핀에 방어 계획을 세우는 것이었는데, 그것을 수행하면서 당시 필리핀 방어에 대해 가장 해박한 지식을 지닌 미군 장교가 될 수 있었다.

1938년 가을 아이크는 참모로서의 역할을 끝낼 때가 되었다고 생각했다. 그가 사의를 표하자 맥아더는 그를 놓아주려 하지 않았고, 필리핀 대통령 마누엘 케손도 그를 만류하고 나섰다. 하지만 아이크는 아돌프 히틀러라는 인물을 주목하고 있었다. 서유럽 국가들은 그를 회유하려는 정책을 펴고 있었지만 아이크는 공연한 시도라고 판단했다. 끔찍하게도 코너 장군의 예언대로 전쟁이 확실히 일어나겠구나, 하는 생각을 했고 그렇게 된다면 제1차 세계대전 때의 전철을 밟고 싶지 않았다. 그는 야전에서 군대를 지휘함으로써 공을 세우는 것이 군인다운 길이라고 생각했기 때문에 그렇게 하고 싶었다. 더구나 그는 코너 장군의 선견력 덕분에 많은 준비를 해오고 있지 않았던가!

아이크는 필리핀에 남아 달라는 케손 대통령의 간청에 이렇게 대답했다.

"저는 군인입니다. 저는 조국으로 돌아갑니다. 우리는 전쟁을 하게 될 것이며 저는 참전할 것입니다."

1939년이 되자 아이크는 마닐라에서의 직책에서 해임해 줄 것을 요청했다. 케손은 필리핀 정부의 자금으로 상당한 액수의 급료를 주겠다고 아이크를 회유했지만 그는 돈 따위에 흔들리는 사람이 아니었다. 아이크는 결코 부유한 사람이 아니었기 때문에 사례금을 주겠다는 제의는 틀림없이 호소력이 있었을 것이다. 그러나 그는 그 제의를 나쁜 흥정으로 보았으며, 그것을 거절할 수 있는 지혜와 강한 성격을 지니고 있었다. 훗날 참모총장직에서 물러날 때에도 그는 가진 돈이 전혀 없었다. 심지어 자가용도 없는 형편이었다.

귀국하기 하루 전에 아이크는 케손 대통령이 베푼 오찬에 귀빈으로 초대받았는데, 그곳에서 케손은 아이크의 공을 치하하며 그와의 이별을 아쉬워했다. 케손 대통령은 보기 드문 재능과 넓은 이해심 그리고 열정과 사람의 마음을 끄는 지도력을 지닌 아이크에게 필리핀 정부가 주는 공로상을 수여했다. 상을 받으면서 아이크가 대답했다.

"이런 감사장은 필리핀 정부가 저에게 줄 수 있는 어떤 액수의 돈보다도 훌륭하고 영속적인 가치가 될 것입니다."

1939년 9월, 세계가 다시 전쟁의 화염으로 불타오르기 시작하자 마닐라 호텔의 라디오 앞에서 이 소식을 들은 아이크는 자신도 모르게 "폭스 코너!" 하고 중얼거렸다. 코너가 한 예언이 맞아 떨어진 것이다.

Dwight David Eisenhower

생의 터닝포인트, 전쟁기획부

미국으로 돌아온 아이크는 정신적 공황상태에 빠졌다. 그는 현장주의자였고 야전군을 지휘하고자 하는 일념이 있었지만 그에게 주어진 보직은 항상 참모직이나 관리직이었다. 1940년 2월, 그는 캘리포니아 주 포트 오드의 전투부대인 제15보병 연대를 맡았으나 얼마 지나지 않아서 워싱턴으로부터 연락이 왔다.

그에게 연락을 한 사람은 게로우 준장이었다. 그는 아이크보다 웨스트포인트를 먼저 졸업한 선배였으나 두 사람은 친구처럼 지내는 사이였다. 또한 게로우 준장은 아이크의 인생에서 가장 중요한 역할을 한 친구 중 한 사람으로, 당시 그는 미 육군의 핵심 부서인 전쟁기획부 부장을 맡고 있었다. 1940년 11월 18일, 게로우는 아이크에게 짧은 무선 전보를 보냈다.

전쟁기획부에서 자네를 필요로 하네. 육군성 일반 참모로 와서 일 좀 해주게. 즉시 답을 보내 주게.

야전지휘관으로 있기를 원했던 아이크는 이 제안을 거절했다. 제1차 세계대전 때 지휘권을 잡을 기회를 얻지 못한 탓에 만년 소령으로 지냈다고 믿는 그로서는 당연한 선택이었다. 또다시 국내에서 평범한 장교로 2차 세계대전을 맞기는 싫었던 그는 전보를 받은 다음 날 게로우에게 이렇게 편지를 보냈다.

친구에게

자네의 전보를 받고 나는 당황스러웠네. 내가 그동안 전투부대 근무 이외의 모든 제안을 거절해 왔다는 것을 자네는 왜 모르는가? 나는 수년간 참모직을 수행했으므로 이제는 야전지휘관이 될 충분한 자격이 있다고 생각하네. 그래서 나는 워싱턴에 있는 친구들에게 15사단이나, 봄에 조직될 기계화 부대를 지휘하고 싶다고 편지를 띄워왔었네. 그런데 자네가 나를 다시 참모직이나 맡으라고 하다니! 여러 군단과 사단에서 나를 참모로 쓰기 위해 여러 번 워싱턴에 요청했다는 걸 알고 있네.

내 아내와 나는 자네와의 오랜 우정을 믿고 이렇게 말하고 싶네. 내가 전투부대에서 열심히 임무를 수행하려고 노력해 왔던 것을 당국자들이 알게 해주었으면 좋겠네. 맥아더 장군은 내가 전투부대에 남고 싶어 한다는 요청을 기억하지도 못할 테고, 마셜 장군은 나 같은 피라미가 어디에 가든 신경 쓰지도 않겠지만, 나는 전투부대에 남고 싶다는 생각뿐이네. 내 이야기를 다 듣고도 내가 전쟁기획부에 가게 된다면 내가 직접 참모총장에게 찾아가서 항의할 것이네.

게로우는 아이크를 전쟁기획부로 불러들이려던 계획을 취소할 수밖에 없었다. 결국 아이크 대령은 포트루이스에 남았고, 1941년 6월 24일, 크루거 장군이 지휘하고 있던 텍사스 샌안토니오의 3군 사령부로 발령됐다.

아이크가 야전군 연대장으로 복무하게 되었을 무렵, 유럽은 혼돈에 휩싸이고 있었다. 1940년 4월 9일 독일군은 덴마크와 노르웨이에 침입했고 3주도 못 가서 노르웨이를 굴복시켰다. 여세를 몰아 1940년 5월 10일에는 네덜란드와 벨기에를 침입했다. 4일 후에 네덜란드가 짓밟혔고 세단과 뮈즈 강 연안의 프랑스 방위선이 무너졌다. 이로 인해 영국 수상 네빌 체임벌린이 사임했고, 영국 국왕은 윈스턴 처칠에게 새 내각의 조직을 맡겼다.

독일, 일본, 이탈리아 사이에 이루어진 파시즘 동맹의 기세는 자못 거셌다. 독일이 프랑스마저 점령하면서 영국을 제외한 서유럽 전역을 집어삼켰고, 이탈리아는 에티오피아를 침공했으며, 에스파냐의 프랑코 정권은 독일과 이탈리아의 지원을 받아 파시즘 정권을 수립했다. 일본은 필리핀, 인도네시아, 미얀마를 점령하면서 아시아의 패권을 장악하였다. 그야말로 파시스트의 세상이 도래하는가 싶었다.

그 시점에서 아이크는 미국이 제1차 세계대전 때와 같이 사태를 직시하지 못하고 있다고 판단했다. 사태를 제대로 직시하지 못하면 이번에는 1916년의 경우보다 더 나쁜 결과를 가져올 것이 뻔했다. 만약에 프랑스 육군이 독일군을 막아내지 못한다면 유럽은 어떻게 될까? 독일군에게는 수천 대의 비행기와 탱크가 있었다. 만약에 프랑스가 자랑하는 마지노선이 무너진다면 프랑스는 물론 영국은 평화를 애걸하는 처지가 될 것이다. 그렇게 된다면 미국은 어떤 입장에 처하게 될까?

미국은 만일의 사태를 준비하기 시작했다. 만약 미국이 참전하게 된다면 우수한 야전지휘관도 부족했고 제1급의 참모장교는 그보다 더 모자랐다. 그리하여 이번에는 참모총장 마셜이 직접 아이크를 워싱턴으로 불러들였다. 일본의 진주만 공습이 있은 지 일주일 후의 일이었다.

마셜은 그동안 완벽하게 업무를 처리하는 아이젠하워를 눈여겨보고 있었다. 1941년 9월, 임시 준장으로 진급된 아이크는 루이지애나 기동훈련의 주요기획자 중 한 사람으로 근무했다. 미국 군대가 지금까지 실시했던 것 중에서 가장 규모가 크고 야심적인 훈련으로 50만 명 이상의 병력이 투입된 도상훈련이었는데 이 탁월한 군사전략을 입안한 총괄 기획자가 아이크라는 것이 참모총장 마셜의 관심을 끌었다.

그때까지 참모장교로 명성을 떨치던 아이크는 더 이상 달아날 수 없음을 깨닫고 자신에게 주어진 운명을 받아들이기로 마음먹었다. 그때까지만 해도 그는 자신이 받아들인 그 운명이 무엇을 뜻하는 줄 몰랐다. 다만 아이크는 마셜 장군이 자신을 직접 불렀다는 데에 의미를 두고 있었다. 전에 모셨던 코너 장군이 한 말이 떠올랐기 때문이었다.

"연합군 지휘관들은 작전을 행하면서 각자의 본 임무를 잃지 않아야 하고, 민족주의적 사고를 극복하는 법을 배워야만 할 걸세. 나는 그걸 해낼 수 있는 사람이 마셜이라고 생각하네. 그는 천재지."

제1차 세계대전 직후 3년 동안, 아이크는 당대의 가장 뛰어난 군인 중 하나인 코너 장군 휘하에서 복무했다. 코너 장군은 제1차 세계대전이 일어나는 동안 퍼싱 장군의 작전장교로 있으면서 마셜을 가까이에서 지켜보았다. 파나마에서 코너를 수행하는 동안 아이크가 들은 가장 큰 찬사는 "아이젠하워, 자네도 마셜처럼 해냈군"이었다. 아이크는 자신도 모르는 사이에 마셜의 방식대로 다듬어져 가고 있었던 것이다.

코너 장군은 파나마에서 아이크를 데리고 있는 동안 계속해서 연합사령부가 필요하다는 의견을 피력했다. 그는 항상 마셜을 체계적 지휘의 모범이라고 말하며, 마셜이라면 어떻게 할지 알 것이라고 했다. 코너는 위대한 군인이었지만, 불행하게도 그걸 증명할 기회를 얻지 못한 사람이었다.

1941년 12월 아이크는 그의 생애에 있어서 획기적인 전기를 마련하게 될 부서로 발령받았다. 그곳은 게로우가 맡아주기를 바랐던 전쟁기획부였다. 아이크가 육군성 전쟁기획부에서 일하게 된 것은 그가 생각했던 것보다 확실하고 멋진 결과를 가져다주었다. 그의 재능은 그곳에서 빛을 발했고, 훗날 아이크가 최고사령관이 되는 과정에서 가장 중요한 역할을 했다. 참모본부 전쟁기획부로 배치되어 전시산업동원계획을 작성하게 된 것이다.

만약 아이크가 워싱턴에서 전쟁기획부의 기획업무를 맡지 않았다면, 그는 단지 제2차 세계대전의 많은 장군들 중 한 명으로 퇴역했을지도 모른다. 그가 일개 사단의 지휘관이 되어 큰 공을 세웠더라도 3년 후, 세계 역사에서 가장 큰 규모의 연합군을 지휘하게 되지는 못했을 것이다.

Dwight David Eisenhower

마셜의 신뢰

전쟁기획국장보로 발령을 받은 아이크는 이내 그곳이야말로 자신의 재능을 발휘할 수 있는 곳임을 알아챘다. 그리고 그곳에서 '서유럽 공격작전'에 대한 아이디어를 내놓았고 그 계획을 수립하는 데 중대한 역할을 했다. 그는 이 계획이 독일을 패배시킬 수 있는 가장 좋은 방법이라고 절대적으로 확신하고 있었다. 마셜은 그 계획을 입안하면서 보여준 아이크의 치밀함과 확신에 넘치는 자신감에 매료되었다. 그것이 마셜로 하여금 그를 유럽 연합군의 최고사령관으로 지목하게 한 가장 큰 이유가 되었다.

1941년 12월 14일 주일 아침, 아이크는 참모총장 마셜과 함께 있었다. 마셜 장군은 서태평양 지역에 있는 육군과 해군의 상황에 대해 이야기하다가 이렇게 물었다.

"우리 군의 전반적인 행동 방향은 어떻게 세워야 하는가?"

그러자 아이크는 즉각 대답하는 대신 이렇게 말했다.

"제게 몇 시간만 주십시오."

마셜은 빙긋이 웃으면서 고개를 끄덕였다. 아이크는 문제에 대한 해답을 찾아 책상 앞에 앉아서 그동안 모아온 자료들을 정리했다. 예전에 필리핀에서 보낸 시간이 그가 대답을 준비하는 데 도움을 주었다. 병과학교에서의 연구, 여러 가지 보직에서 얻은 경험과 훈련, 개인적으로 행했던 비공식적인 연구(코너나 맥아더 같은 사람들과 함께하면서 키운 전문적 지식 등)를 모두 동원해 그는 해답을 찾아냈다. 자료를 준비하면서 아이크는 이렇게 생각했다.

'분명히 육군성에서 마셜 장군을 보필하려면, 그의 신임을 얻어야 한다. 해결책의 논리는 빈틈이 없어야 할 것이며, 즉각적으로 이뤄질 수 있어야 한다.'

몇 시간 후, 아이크는 타이프 용지로 약 30페이지 정도의 지도와 전략도가 붙은 작전계획서를 완성해서 마셜에게 보고했다. 보고를 듣는 동안 마셜의 얼굴은 만족감으로 빛나고 있었다. 아이크의 답변은 마셜 장군이 찾고 있던 답이었음이 분명했다.

"전적으로 당신의 의견에 동의하오."

그 후 두 사람은 급속히 친해졌다. 아이젠하워와 마셜은 상호 간에 서로를 완전히 이해하고 있었다. 두 사람 모두 각자의 임무에 충실했고 이기심을 내세우지 않는 성격이었다. 그들은 기질이나 기본적인 관심사뿐만이 아니라 육체적인 조건조차도 서로 너무도 많이 닮아 있었다. 마셜은 나이가 61세나 되었지만 아직도 머리카락은 연한 갈색이었기 때문에 나이보다 십 년이나 젊어보였고 자세가 바르고 행동이 민첩했다. 그의 처신에는 아이크가 보이는 것 같은 균형 잡힌 탄력성이 있었다.

아이크는 1942년 3월 임시 소장으로 진급하면서 상관이자 친구인 게로우가 맡았던 전쟁기획부 부장의 자리를 이어받았다. 마셜 장군은 아이크를 핵심 참모로 내정한 이유를 이렇게 설명했다.

"진주만 사건 이후 그를 불러 게로우가 2년 동안 맡았던 작전처에 두었다. 게로우가 과도한 업무로 인해 점점 타성에 젖어가고 있음을 느꼈기 때문이었다. 나는 어느 누구든 한 보직에 오래 머물러서 생각과 통찰력이 더 이상 나아지지 않는 걸 좋아하지 않는다. 어느 장교든 생기를 잃어버리면 내 지식 축적에 전혀 보탬이 되지 않는다. 게다가 전쟁의 승리를 위해 필수적인 아이디어와 기획을 추진하는 데 기여할 수 없다. 새로운 보직을 맡은 아이젠하워 장군은 여러 난제들에 대해 신선한 해결책을 제시하는, 무척 도움이 되는 인물이었다."

어떤 분야든 정상에 있는 사람들은 아이디어와 상상력이 풍부하고 자기의 사고력에 보탬이 되며 자신을 성숙하게 해줄 사람을 주변에 두고 싶어 한다. 마셜을 보좌하는 데 있어 아이젠하워는 충분히 이런 역할을 해냈다.

제2차 세계대전까지의 군 생활 동안 아이크는 군 지휘체계의 중간층에 속하는 보직인 참모장교로 있었다. 전략적 결정은 지휘체계에서 나오지만 실시는 야전군 장교에 의해 행해졌다. 그러나 명령이 전투조항으로 적절히 해석되고 실시되는지 감독하는 것은 중간층 참모장교들의 몫이었다. 능률적인 참모업무는 고위지휘관과 야전요원들 간의 효과적인 상호관계를 보장해 준다. 반대로 잘못된 참모업무는 지연, 오해 그리고 불행한 사태를 낳는다.

직접 군대를 지휘하고 싶었던 아이크는 참모장교로 배속된 것을 오랫동안 후회했었다. 그러나 육군성 작전국 부국장에서 국장으로 승진한 지금 참모 경력이 그에게 중대한 경험이었다는 것을 깨달았다. 그는 많은 회의로부터 수많은 결정을 계발해 냈다.

그중 많은 결정은 중요하지 않으나 개중에는 아주 중요한 결정도 있었다. 아이크는 의사결정이 자기 업무의 극히 작은 일에 불과하다고 이해했다. 하나하나의 결정은 작전국이나 육군성 내의 어느 지점이나 군대가 주둔하고 있는 어떤 먼 지점에서의 전투를 요구한다. 어떤 관리자도 결정을 내린 후 적절한 행동이 뒤따를 것이라고 단순히 가정할 수 있는(아니면 더 나쁘게 표현해서, 희망할 수 있는) 사람은 없다.

아이크는 자기 상황실에서 한 모든 말을 포착하도록 속기용 구술녹음기 딕터폰을 설치함으로써 자동기록장치를 한 단계 다음 수준으로 높였다. 그 결과 비서가 모든 말을 문서나 비망록에 옮기면 바로 참모가 모든 결정사항과 협의사항을 적절한 행동으로 옮기고 기록들을 필수품으로 보존할 수 있었다.

전쟁기획부에 들어간 것과 더불어 아이크가 진급하는 데 큰 역할을 한 것은 유럽에서 펼칠 연합작전을 계획하는 책임을 맡은 것이었다. 그때부터 그가 해야 할 일은 유럽 원정을 위한 기본 계획을 작성하는 것이었다. 그는 '서유럽 공격작전'에 대한 아이디어를 구체화해 나갔다. 4월에 이 일을 맡은 그는 6월에 그 업무를 완성했다.

마셜이 희망하고 예기했던 대로 아이크는 감탄을 자아내는 계획을 작성했다. 그는 준비된 기획자이면서 전차, 병참, 전략 등 모든 분야의 전문가였다. 그는 교두보에서 최후의 공군 사용을 포함하는 이중 포위 작전에 이르기까지 모든 근대적, 기계적인 유형에 통달해 있었다. "준비된 자만이 기회를 잡을 수 있다"는 격언과 같이 묵묵히 최선을 다해 준비해 온 아이크에게, 드디어 역사의 중심인물이 될 수 있는 기회가 찾아온 것이다.

1942년 6월 15일, 아이크가 '유럽 작전지구 사령관 지침서'라는 제목의 보고서를 마셜 장군에게 제출하자, 그것을 숙독한 마셜은 매우 흡족해하며 이렇게 물었다.

"자네가 이 작전을 책임지고 지휘할 수 있겠는가?"

그러자 작전국장 아이크는 히죽 웃을 뿐이었다. 아이크는 마셜이 농담을 하고 있는 줄로만 알았다. 이어서 마셜이 물었다.

"이 지침에 자네는 만족하는가?"

"네, 다른 의견이라도 있으신지요?"

그러자 마셜은 고개를 들고 이렇게 말했다.

"자네가 만족한다니 됐네. 앞으로 자네는 이 지침에 따라 작전을 하면 되니까."

마셜은 작전 기획자인 아이크에게 직접 그 작전의 수행을 맡기기로 결심한 것이다.

"제가요?"

아이크는 당혹스러워하며 되물었다.

"물론 자네가 해야지. 자네가 유럽 방면 군사령관인 거야."

마셜이 말했다. 그리고 그는 아이크가 생각할 틈도 주지 않고 계속 물었다.

"누구를 함께 데리고 가고 싶은가? 언제 떠날 수 있지?"

아이크는 완전히 당황하고 말았다. 질문에 대답을 했을 때는 시간이 꽤 걸린 후였다.

"마크 클라크와 함께했으면 합니다."

그러자 마셜이 빙긋이 웃으며 말했다.

"그럼 클라크와 의논해서 떠날 날짜를 정하게. 빠를수록 좋아."

아이크는 자기 사무실로 돌아온 후 의자에 털썩 주저앉았다. 그 다음에 클라크를 불렀다. 이번에는 클라크가 놀라야 할 차례였다. 그는 아이크에게 일주일 이내에 떠날 수 있다고 대답했다. 몇 분 후 아이크는 다시 마셜을 찾았다.

"좋으시다면, 저희는 6월 22일에 출발하겠습니다."

그날 집으로 돌아온 아이크는 저녁식사 후 마미에게 아무렇지도 않게 그 사실을 알렸다. 그러자 마미는 아이크가 그랬던 것처럼 많이 당황했다. 그녀는 갑자기 그 말을 들었을 때 눈이 둥그레져서 남편을 쳐다보았다.

"다음 주에 런던으로 갈 것 같아. 이번에는 여행이 아니라 거기서 지휘를 해야 해."

"무슨 지휘를 하죠?"

"이번에 유럽 방면에 작전사령부가 생겼는데, 내가 그것을 지휘하게 된 거야."

다음 날 그는 육군성과 해군성의 법률가들을 혼란스럽게 만들었다. 그가 친구인 해리 배처 해군 소령을 개인적인 보좌관에 임명해 줄 것을 요청했던 것이다. 육군 장군에게 해군의 보좌관이라니! 전에는 들어 본 적도 없는 일이었다. 그러나 아이크는 이번 전쟁의 성격상 많은 전술적인 요소에서 육군과 해군의 긴밀한 조정이 필요하다고 강조했다. 특히 유럽 방면 작전사령부는 해군의 긴밀한 협조가 필요한 까닭에 해군 보좌관을 붙이는 것만큼 좋은 수단은 없다고 말했다. 그 말은 어느 정도 일리가 있었으나 아이크는 친구들에게 요청의 진정한 이유를 이렇게 털어놓았다.

"나는 누군가 마음 편히 대할 수 있는 상대가 필요해. 절대로 신용

할 수 있는 사람, 조종자가 아닌 인물, 충고도 해주고 반박도 해줄 사람이 필요한 거지."

어쨌든 요청은 허가되었고 육군 장군에게 해군 보좌관이라는 조합이 탄생하게 되었다. 당사자인 배처는 흔쾌히 아이크의 요청을 받아들여 합류했다.

6월 22일, 아이크는 마셜과의 이별의 자리에서 이렇게 말했다.

"장군, 나는 아직 장군께 감사의 인사말도 제대로 드리지 못했습니다."

마셜은 오랫동안, 매우 진지한 표정으로 그를 주시하고 있을 뿐이었다. 그의 표정에는 이런 말이 담겨 있는 것 같았다.

'자네의 양 어깨에는 대단히 많은 것들이 걸려 있네. 자네가 과연 내가 믿었던 대로 특수한 소질, 즉 연합군 사령부의 실제적인 통일을 이룩할 수 있는 독자적이고 천부적인 통합력을 가지고 있는지는 앞으로 자네가 하기 나름일세. 내가 사람을 제대로 보았기를 바라네. 제발 성공해 주게.'

이윽고 마셜은 미소를 띤 채 손을 내밀며 말했다.

"나한테 감사할 것은 없네. 가서 열심히 일하게. 그렇게 되면 우리는 자네에게 감사하게 되겠지."

Dwight David Eisenhower

유럽 주둔 미군사령관

당시 연합군이 유럽을 공격할 수 있으리라고 생각한 사람은 아무도 없었다. 영국은 이 작전에 극도의 회의를 표했지만, 마셜은 아이크의 계획을 강하게 신뢰했다. 마셜은 이 작전에 대한 가장 강한 확신을 갖고 있는 작전의 기획자인 아이크에게 임무를 맡기면 잘해내리라 확신했다. 이 전쟁은 완전히 양상이 달랐기 때문에, 승리를 위해서는 새로운 리더십이 필요했다. 천부적인 정치적 능력을 남김없이 발휘할 수 있는 군안접정가(조정자) 외교관의 독특한 조화를 요구했다. 이 특성을 모두 갖춘 사람이 바로 아이크였다.

1942년 6월 15일, 마셜 장군은 366명 이상의 고위 장성들을 제치고 유럽작전지역(북아프리카 포함) 사령관으로 아이크를 임명했고 아이크는 임시 중장으로 진급하여 런던으로 떠났다. 그야말로 파격적인 인사였다. 만년 소령이던 아이크의 초고속 승진 행보는 다분히 이채로운 것이었다. 그는 1941년 9월에는 준장이 되고, 1942년 3월에는 소장이 되었으며, 이어 육군부의 작전참모부장이 되었다. 그리고 이제 아이크는 유럽 주둔 미군사령관이 되었다. 음지에서 오랫동안 묵묵히 군 생활을 해왔던 아이크는 제2차 세계대전과 함께 자신의 재능을 발휘할 기회를 잡았다. 마셜이라는 강력한 후원자 덕분에 거듭난 것이다.

이렇게 된 데에는 그가 군사전략을 잘 알고 조직운영에 재능이 있었을 뿐만 아니라 사람을 설득하고, 중재하고, 친절을 발휘하는 능력이 뛰어났기 때문이었다. 또한 그는 친밀감과 겸손함 그리고 지칠 줄 모르는 낙천성으로 인해 다양한 사회·문화적 배경을 가진 사람들로부터 신임과 호감을 얻었다.

6월 22일, 아이크는 유럽 주둔 미군사령관직을 수행하기 위해 영국으로 가는 비행기에 올랐다. 그때 그의 가방에 든 단 한 권의 책은 성경이었다. 그는 비행기 안에서 성경을 읽고 기도하면서 대서양을 건넜다.

영국에 도착한 아이크는 곧바로 자신의 사령부를 런던 교외에 개설했다. 미군들 사이에서는 물론 영국군 진영에서도 아이크의 등장에 대해서 말들이 많았다. 제2차 세계대전 이전까지 아이크는 그다지 두드러진 장교가 아니었기 때문이다. 그는 1922년 이후 전투병들과 단 6개월 정도만 실질적인 업무를 수행했기 때문에 그에게 그런 자리를 맡기는 일은 결코 있을 수 없는 일이라고 비판자들은 말했다.

윈스턴 처칠 수상과 영국 고위 군 지휘관들은 아이크를 탐탁하게 여기지 않았다. 그러나 아이크는 복잡한 이해관계를 단순하게 해결하는 특별한 능력이 있었다. 고도의 균형감각으로 국가 간의 의견차를 줄였고, 타고난 유머감각과 뛰어난 교섭력으로 자신의 의견을 관철시켜 나갔다.

"미국과 영국 군인들과 국민들은 자기들이 무언가 적극적인 일을 시도하고 있다는 생각을 할 필요가 있다. 우리는 수동적인 태도로 퇴보해서는 안 된다."

아이젠하워는 언어 구사에 있어 최고의 정치적 센스를 가지고 있었다. 그는 서로 개성이 다른 인물들을 끌어 모아 하나의 팀으로 빚어내는 법을 알고 있었으며, 또한 그들에게 적절한 권한을 부여하여 최선을 다하도록 만들 줄 아는 지휘관이었다.

유럽 주둔 미군사령관인 아이크의 마음을 가장 불안하게 한 것은 연합국의 집중력 부족이었다. 우선 미군과 영국군은 협력해서 작전을 수행해야 하는데 두 나라 군대 사이에는 작전 수행에 있어서 소모와 자원의 낭비가 심했다. 그는 자기가 해야 할 첫 번째 일은 반드시 달성해야 할 중대한 일들의 우선순위를 정하는 것이라고 보았다. 이것은 연합군의 궁극적인 승리를 위해 꼭 필요한 조치였다. 그러한 생각을 바탕으로 아이크는 이번 전쟁에서 반드시 수행해야 할 내용을 세

가지로 정리했다.

"내가 상대해야 할 사람들 중 몇 명은 금년에 연합군에게 '꼭 해야 할 일' 세 가지가 있다는 내 의견에 '점차' 동의하는 모습이다. 첫째, 영국에 전선戰線을 열어두고 반드시 영국을 지원하라. 둘째, 적극적인 참전국으로서 러시아를 끌어들여라. 셋째, 일본군과 독일군 사이에 인도-중동을 버팀목으로 유지하라."

수세기 동안 전 세계를 지배해 온 영국 측은 증명되지 않은 미군의 전투력에 강한 의심을 품고 있었다. 그들은 미국이 경험은 없으면서 목소리만 크고 자만에 빠져 있다고 생각했다. 반대로 미군은 영국 장교들이 독단적이고, 거만하다고 생각했다. 거기에 양국의 정상급 군 인사들은 자기 신념이 강했고, 다른 사람들의 관점을 쉽게 수용하지 않았다. 서로의 의견 차와 분쟁을, 어느 한 나라에 기울지 않게 하기 위해서는 고도의 균형감각이 필요했다. 가장 중요한 일은 연합국 내의 협력심이었다. 그것 없이 다른 일은 무엇 하나 최종적인 성공을 기대할 수 없었다.

아이크는 결국 공격작전에 대한 협의를 위해 미군 측을 대표해서 처칠과 담판을 지어야 했다. 처칠은 그에게 프랑스 북부 해안에서 위험한 상륙작전을 하지 않아도 싸움에 이길 수 있지 않느냐며 유럽에서 비교적 손쉽게 차지할 수 있는 북부를 치는 것이 어떠냐고 제의했다. 그렇지만 그는 군사적 입장에서 자신의 주장을 굽히지 않았고,

해박한 군사 지식과 유창한 언변, 집요한 설득으로 결국 고집쟁이 처칠을 설득하는 데 성공했다.

아이젠하워가 런던에 도착했을 당시에 그가 연합군을 이끌고 전쟁에 뛰어드는 데 따른 문제는 아직 하나도 해결되어 있지 않았다. 그뿐 아니라 언제, 어디서 전투를 해야 할 것인지조차도 해결되어 있지 않았다. 결국 1942년 6월 25일부터 7월 24일까지 두 가지의 전략계획을 둘러싸고 철저한 검토가 가해진 끝에 최종적인 채택이 단행되었다.

이 채택에 있어 아이크의 발언은 가장 결정적인 이유 중 하나가 되었다. 아이크가 이끄는 미국군 사령부의 원활한 운영과 우호적인 분위기는 눈치가 빠른 윈스턴 처칠로부터 똑똑히 인정받았다. 아이크는 적어도 일주일에 한 번은 이 영국 수상과 회담하고 때때로 다우닝가(街) 10번지에 있는 그의 저택에서 함께 점심을 들었다. 설사 이 두 사람이 무릎을 맞대고 전략 문제를 검토하지 않았다 하더라도, 그들은 서로에게 깊은 존경심을 품었을 것이다. 이런 존경은 얼마 안 가서 따뜻한 애정으로 발전했다.

제1차 세계대전 중에 영국과 프랑스 사이의 격심한 지휘권 다툼을 경험한 처칠은 누구든 한 사람의 장군이 지휘하는 연합군 사령부를 만드는 일이 절대적으로 필요하다고 확신했다. 영국의 지휘관들은 제2차 세계대전이 끝난 후를 내다보며 유럽 공격에서 자신들의 체면이 깎이지 않기를 바랐기 때문에, 연합군 최고사령관은 처음에 영국 육군원수 앨런브룩으로 예정되어 있었다. 그러나 이 결정은 미국이 인력과 물자 면에서 압도적으로 우월하다는 것이 명백해지자 바뀌었다.

아이크는 지휘계획을 세울 때 근본적으로 연합체계를 염두에 두어야 한다고 굳게 믿었다. 다행스럽게도 연합체제를 만들기 위한 제1의 필요조건들은 이미 갖추어져 있었다. 양국의 지도자들이 연합군을 이끌 한 명의 최고사령관이 있어야 한다는 점에 의견의 일치를 보인 것이다. 그리고 양국은 전쟁을 지휘하고 물자를 배당하기 위한 전략적인 결정에서 국가적 차이점을 맞추기 위해 기꺼이 노력했다. 이제 전쟁의 승패는 아이젠하워의 말처럼 지휘관과 참모를 구성하는 통찰력, 리더십, 기술 그리고 전문가적 판단에 달린 셈이었다.

1943년 12월, 루스벨트와 처칠은 사령관에 미국인을 선임하겠다고 결정했고, 그 자리에 아이크가 선출되었다. 수년간 전쟁을 치러온 영국군 베테랑들은 전투를 겪어보지도 않은 미군 장교 밑에서 싸워야 한다는 것을 알고는 크게 반발했다.

한 영국군 장교는 이러한 상황에 대해 다음과 같이 기술했다.

"높은 지위에 있던 지휘관들 중에는 가끔 지휘방법이나 다른 문제들에 대해 유별난 기벽을 갖고 있는 사람들이 있다. 독립적이고 높은 직위의 지휘관을 역임했던 사람들의 경우 종종 누구의 명령을 따라야 하는 위치로 겸손히 들어가기가 어려울 때가 있다. 고위급 지휘관들도 다른 평범한 사람들과 같이 시기심이 있고 그들이 특히 좋아하거나 싫어하는 것들이 있는 법이다."

결국 아이크는 큰 도전과 책임에 직면하게 되었다. 그는 당시를 이렇게 회고한다.

"나는 내가 따라야 할 어떠한 선례도, 조정하면서 보고 갈 해도海圖도 없이 그저 막막했다. 예전에 공동의 적에 대항하여 여러 나라들이 성공적인 협조체계를 유지할 수 있었을 때에는 통상 제휴세력 중 한 국가가 아주 강력해서 전체를 주도할 수 있었다. 그러나 지금은 각 국가들이 자발적인 양보를 통해 효율적인 조화를 이루어야 할 필요가 있었다."

1944년 6월 6일에 유럽 공격이 시작되면서 그 논쟁은 끝났지만, 처칠은 연합군의 프랑스 공격을 지중해 지역으로 전환시키려 했다. 처칠은 자신의 계획이 실행되지 않는다면, 국왕에게 가서 자리를 내놓겠다고 말해야 할지도 모른다고 이야기했다. 그러나 아이크는 남부 프랑스 공격이 예정대로 진행될 것이라는 사실을 정중하게 주장했다.

아이젠하워는 다혈질적인 면이 자기 성격의 결점이라 생각했고, 그것을 고치려고 노력했다. 전쟁이 벌어지는 동안 쓴 그의 일기에는 이런 글이 적혀 있다.

나는 어제 너무 화가 났다. 그래서 내 감정을 일기장 한 페이지 가득 써내려 갔다. 그러나 오늘 새벽이 되자 화난 감정은 모두 사라졌다.

그러한 자제력은 어린 시절 어머니의 도움으로 계발한 방법 덕분에 얻을 수 있었다. 그것은 바로 자신을 화나게 한 사람의 이름을 종이에 써서, 그것을 책상 서랍의 작은 상자에 넣어두는 것이었다. 이것은 마음속에서 한 사람을 지워버린다는 물리적인 행위이자 동시에 상징성이 있는 행위였다. 어머니는 힘든 가운데서도 자식들을 훌륭히 키웠다. 어디로 튈지 모르는 여섯 아들의 개성을 적절히 통제했고, 성공할 수 있도록 격려도 잊지 않았다. 그녀는 진심으로 옳다고 믿는 원칙대로 아이들을 교육시켰다.

그런 어머니는 아들이 대통령이 되기 6년 전에 세상을 떠났다. 대통령 취임 선서를 할 때, 아이젠하워는 펼쳐 놓은 성경 위에 손을 올려놓았다. 그 페이지에는 아이다가 즐겨 인용하던 구절이 있었다. 그녀의 영향은 아이크의 대통령 취임 연설에서도 나타났다.

아이젠하워는 연설 원고 작성자와 함께 초안을 잡을 때 네 가지 요점을 정해 주었는데 그것은 바로 이해, 믿음과 결심, 창조성, 희생정신이었다. 이것은 바로 어머니 아이다의 교육관을 요약한 말이었다. 어떤 사람은 말했다. 처칠, 루즈벨트, 드골처럼 강한 개성과 제왕의 의지를 가진 사람들을 응대할 수 있는 사람은, 우호적으로 자신의 목적을 이루는 법을 아는 사람이다. 이것은 바로 어머니 아이다가 아이크를 교육시킨 방법이었다. 그녀는 아들이 부드러움을 통해 강함을 이기기를 원했다. 그 덕분에 아이크는 유럽 주둔 미군사령관으로서 많은 시행착오와 충돌을 겪었지만, 결국 지혜로운 정책으로 광범위한 지지를 얻을 수 있었다.

그 당시 아이크는 수첩에 이렇게 썼다.

나는 끔찍한 느낌이다. 요 며칠 어머니와 같이 있고 싶은 마음이 간절하다. 그러나 지금 우리는 전쟁 중이 아닌가! 전쟁은 너그럽지 못하다. 지금은 깊고 성스러운 감정에 빠질 때가 아니지 않은가!

아이크와 매우 가까운 사람이 아니고서는 그의 표정 변화를 알아보는 이가 드물었다. 그러나 참모들은 아이크가 냉정하고 침착하며 이해심이 많아보였음에도, 그가 무서운 기질을 나타내려 할 때 그것을 알아차릴 수 있었다. 그의 친절함과 사려 깊음 뒤에는 파괴적인 힘이 가려져 있었고, 폭발할 때 그것은 폭포처럼 대단했다. 다행스럽게도 그러한 성격이 중요한 순간에는 폭발되지 않았음이 분명하다.

그를 오랫동안 지켜본 참모 중 한 사람은 다음과 같이 이야기했다. "아이젠하워 장군이 영국, 프랑스 그리고 러시아인들과 협상할 때 그는 실제로 아무리 화가 나 있더라도 자기 성질을 드러내지 않았음은 주목할 만합니다. 그렇게 화가 나는 경우라도 만약 그 사안이 수정을 요구할 만큼 중요한 것이라면, 그는 부하 지휘관이나 참모 중에서 믿을 수 있는 사람을 보내 문제를 해결하려고 시도하기도 했습니다. 이런 일들은 대개 성공했고, 그 밀사들 역시 아이젠하워가 보냈다는 것을 모르게 행동했기 때문에 그들과의 좋은 관계는 계속 유지

되었습니다."

당시 부관이었던 한 사람은, "그곳은 모든 사람들이 축구팀처럼 깨어 있는 동안 함께 생활하고 계획을 세우며 전쟁을 수행해 나가는 곳이었다"고 했다. 아이젠하워는 팀워크를 한층 고양시키기 위해 참모들과 자주 식사하며 여러 가지 일을 의논하곤 했다. 아이젠하워의 지론은 모든 명령에서, 상급 지휘관의 성공 여부는 자의적이고 독단적인 명령을 관철시키는 능력보다 병사들을 이끌고 설득하는 능력에 의해 판단해야 한다는 것이었다. 그리고 이러한 지론은 자신감을 심어주는 일이 필요한 몇몇 특정 부대에 큰 힘으로 작용했다.

그는 우선 연합군을 원활하게 이끌기 위해서 두 가지를 이루어내야 했다. 한 가지는 고위급 장교들 사이에 필요한 일이었고, 나머지는 초급 장교들과 징병된 병사들 사이에서 필요한 일이었다. 후자를 위해 그는 미국인들에게 영국의 전통과 정치·군사조직, 영국인의 심리와 언어, 또 본받을 만한 영국인들의 훌륭한 희생정신을 이해하도록 교육시켰다. 특히 마지막 것을 강조하기 위해, 아이크는 병사들이 독일의 폭격으로 심하게 황폐화된 지역들을 둘러보게 했다.

그곳에서 미군 장병들은 냉장고나 히터, 자동차도 없이, 그리고 매우 부족한 식량으로 영국인들이 불평 없이 공동으로 나누며 살아가는 모습을 몸소 느낄 수 있었다. 또한 미국의 신문에는 영국인들의 호의와 용기에 대한 기사가 실렸고, 두 나라 국민들의 상호 이해를 발전시키기 위해 미국인들이 영국 가정에 초대되어 체험하는 '사람과 사람들People to People'이라는 방송 프로그램도 생겼다.

아이크에 따르면 제2차 세계대전의 주된 교훈과 도전들은 연합군을 어떻게 유지시켰는가 하는 방법과 수단에서 발견할 수 있다고 한다. 독일군을 격퇴한다는 본질적 목적이 연합군을 결속시켰지만 연합군 지휘관으로서 그에게는 그 이상의 것이 요구되었다. 그는 연합군의 명령체계를 더 원활히 하고자 했고, 협력하지 않으려는 자는 누구든 재빠르게 조직에서 배제했다. 이렇듯 모진 태도로 인해 그는 빠르게 유명세를 타게 되었다.

그의 지휘력은 영국군과의 연합작전에서 크게 빛을 발했다. 연합군의 북아프리카 공격작전 총사령관으로 지명된 후 그는 1942년 5월 1일, 처칠 수상에게서 연합국의 화합을 도모한 천재적인 능력에 대해 찬사의 글을 받게 되었다.

아이젠하워 장군이 연합군을 성공적으로 이끌 수 있었던 데는, 단순히 그의 능력뿐만 아니라 그가 가진 성품 또한 큰 역할을 했다. 정말 일을 뛰어나게 하는 사람은 그 일을 쉽게 하기 마련이다. 매력적이고 따뜻한 미소, 신념과 확신에 찬 태도와 조심스럽고 정직한 아이크의 성격은 냉정한 영국인들의 의심에 찬 눈초리를 누그러뜨렸다. 처칠은 그를 '아마 세계에서 가장 낙천적인 사람'이라고 불렀다. 아이젠하워는 4년 동안 패배와 후퇴로 찌든 영국인들에게 신선한 변화의 바람을 몰고 왔다.

자신이 기획한 서유럽 공격작전을 탐탁지 않게 생각하던 영국을 동의하게 만든 것은 의심할 여지없이 제2차 세계대전 동안 그가 보여준 위대한 리더십의 성과라고 할 수 있다. 그가 연합군의 지휘권을 전적으로 쥐게 된 것은 많은 이들에게 부당하게 보였을지도 모른다. 하지만 그것은 갑작스러운 것도 아니었고 황당한 것도 아니었다. 그것은 명백히 그에게 부여된 임무였다. 이 일은 아이크만이 지닌 독특한 리더십을 요구했고, 만약 연합군이 분열되었더라면 확실한 책임을 물어야 했을 것이다. 민주주의의 우방과 협의함에 따라 그의 공무수행을 가장 효과적으로 한 것은 완전히 통일된 인격에 의해서 더욱 더 강화된 그의 개인적인 매력의 소산이었다.

흔히 아이크는 성격이 밝고 명랑하며 친절과 자신에 찬 낙천주의적 표정 속에서 남을 지배하는 방법을 터득한 사람이라고 말한다. 그는 궁극적인 책임을 부여받은 지휘자로서, 복잡한 임무를 성공적으로 수행함으로써 임명권자인 참모총장 마셜의 기대에 어긋나지 않는 능력을 보여주었다. 궁극적으로 그는, 사령관이며, 경영자이며, 지휘관이었다.

Dwight   David   Eisenhower

야전군 사령관이 되다

    1942년 11월, 아이크는 중장으로 승진하며 연합군의 프랑스령 북아프리카 침공작전인 '횃불작전Operation Torch'의 총지휘관이 되었다. 그리하여 유럽진공연합군 총사령관으로 이탈리아와 독일군을 깨뜨리는 임무를 부여받았다. 그가 그토록 바라던 야전군을 지휘하게 된 것이다. 11월 8일에 개시된 횃불작전은 최초의 연합군 대공세였다.

  이 전쟁 중에서 아이크가 가장 걱정했던 때는, 바로 이 1942년 11월 7~8일 새벽에서 해질 때까지의 사이였다고 고백한다. 적의 해안에 상륙할 준비를 하고, 다수의 장병이 배로 바다를 건넌 것은 근대사상 이것이 최초의 일이었다.

  11월 8일 새벽부터 각 해안에서 보고가 들어오기 시작했다. 정오까지 지브롤터에 있던 아이크는 작전의 양상을 정확하게 파악할 수 있었다. 연합군의 함선 사이에서 신호가 번쩍였다.

"공격 개시!"

드디어 전투가 시작되었다. 이 최초의 대규모 연합군 공세로 며칠 사이에 알제리는 아군의 수중에 들어왔다. 그러나 알제리는 나치 치하의 프랑스 비시 정권이 지배하고 있었다. 악명 높은 아프리카 전차 군단을 이끈 에르윈 롬멜 장군이 최고 정예부대 수십만 명을 거느리고 쳐들어왔다. 연합군은 롬멜과 치룬 두 번의 조우에서 굴욕적 패배를 당했다. 출발은 불안했으나 작전기간 동안 아이크가 노련한 지휘관으로서의 능력을 발휘한 끝에 1943년 5월에 성공적으로 작전을 완수하여 마침내 튀니지에서 독일군을 몰아내고, 북아프리카 전역을 완전히 수복했다.

개전 초기에 벌어진 캐서린 요새 전투는 대부분의 지휘관들이 기억하고 싶지 않은 전투였다. 독일군과 미국군 간에 치러진 최초의 큰 전투는 미2군단에게는 굴욕적인 패배로 끝났다. 아이크는 당황했지만, 패배를 인정하지 않고 이렇게 말했다.

"우리에겐 일선에 몇 부대가 있는데, 충분한 대비를 하지 못했던 전투를 막 끝냈다."

아이크는 이 패배를 잊는 대신 그것을 통해 전투에서 싸웠던 모든 사람으로부터 얻을 수 있는 수천 가지의 교훈을 수집하려 했다. 경험은 모두 그만한 가치가 있다. 그리고 무경험은 실수보다 더 가치 없는 것이다. 아이크는 실패와 성공의 열매를 따서 모은 뒤 분석하기로 했다. 패배를 당하는 일보다 더 큰 최악의 패배는 배울 기회를 잃는 것이란 사실을 잘 알고 있었기 때문이다. 이는 그의 훌륭한 전후 회고록 『유럽의 십자군 Crusade in Europe』 속에 잘 반영되어 있고, 산더미처럼 많은 비밀 케이블 통신문, 급송 통신문, 공식비망록, 일지기록부 그리고 1940년에서 1942년 11월 사이에 그가 썼던 개인 편지에서도 찾아볼 수 있다.

초기 캐서린 통로작전에서 독일의 에르윈 롬멜 아프리카 군단에게 밀리자 아이크는 예하 부대장들을 자신이 직접 선택한 사람들로 전면 교체했다. 아이크의 부대장 교체와 지도력은 롬멜 장군 부대에 대한 열세를 압도적 우세로 역전시켜 결국 나치와 이탈리아군의 대규모 항복을 받아내는 데 성공했다.

연합군은 프랑스의 북아프리카 식민지에 상륙했다. 당시 이 지역은 프랑스 비쉬 정부군이 방어하고 있었는데, 비쉬 정부는 추축국인 독일이 세운 허수아비 정부로 독일, 이탈리아와 동맹관계에 있었다.

아이크는 비쉬 정부의 장교들 간에는 추축국에 대한 사실상의 지지가 매우 미약하다는 것을 알고 있었기에 횃불작전에 대한 반감을 도발하기보다는 작전에 대한 비쉬 정부의 승낙을 얻어내기 위해 가능한 한 모든 조치를 하려 했다.

그는 독일군과 이탈리아군에게 써야 할 탄환을 비쉬군에게 헛되이 소모하고 싶지 않았다. 따라서 그 지역의 가장 막강한 비쉬 정부의 권력자 장 프랑수아 다를랑 제독에게 연합국이 그의 북아프리카 권한을 인정해 주는 대가로 연합군에 협력하라는 협상조건을 제시했다. 이에 대해 자유 프랑스군의 가장 중요한 지휘관인 드골과 동맹국의 몇몇 지휘관들은 나치의 협력자인 다를랑과 아이크가 협상하는 데 반대했다.

아이크가 이 게임에서 자기의 직위까지 건 모험을 했다고 해도 결코 과장은 아닐 것이다. 아이크는 나치 독일과 협력한 바 있던 프랑스 제독 장 프랑수아 다를랑과 공동작전을 펴기로 결정했는데, 이 결정은 연합국들로부터 거센 항의를 받았다. 그러나 프랭클린 루스벨트 대통령과 처칠 수상은 그의 결정을 지지했다.

아이크는 비쉬군이 독일과 이탈리아군과 싸울 것이라는 기대를 하지는 않았지만 비쉬군에 '연합군과 싸우지 않는다', '연합군은 점령지역과 협력한다', '연합군은 점령지역의 주민들 간 질서유지에 힘쓴다'는 것 등을 확실히 하고 싶었다.

문제는 프랑스 식민지 관리들이 사심이 없고 자기들의 목적에 의견이 통일되어 있어야 하는데 실은 그렇지 못하다는 것이었다. 바로 이런 현상이 분노와 좌절의 근원이었다. 그러나 아이크는 자기감정이 막다른 곳까지 가거나 프랑스 관리들과 거리를 두는 식으로 표출되지 않도록 자제하고 밀사로 파견된 클라크에게 이렇게 명령했다.

"도움이 된다면 그들에게 돈을 주시오."

아이크는 승리라는 목적을 두고 타협하는 리더가 아니었다. 그러나 그는 이 목적을 이루기 위해서는 기꺼이 타협했다.

비쉬 프랑스 정부와의 협상은 무척 혐오스럽고 껄끄러웠다. 연합군 측에서 보면 그들이 프랑스의 명예를 배신했다는 감정이 우세했다. 비쉬 정부의 관리들이란 작자들은 도대체 어디에 줄 서야 하는지도 모르는 자들이었다. 상황은 유동적이었으며 모든 직급의 식민지 관리들은 기회주의자가 많았다. 그럼에도 불구하고 아이젠하워는 완벽한 승리로 가는 가장 빠른 길이 전투보다는 정치적 협상이라는 결론을 내렸고, 확실하고 경제적인 첩경으로 뇌물까지 포함하는 일련의 절충에 있다고 판단했다. 듣기 좋은 아부성 발언과 돈주머니를 풀어 현금을 주는 것이 북아프리카의 비쉬 정부와 협상에 쓰는 탄환보다 더 싸게 먹히고 효과도 컸다.

결국 아이크는 목적을 달성할 수 있었다. 그는 필요하다고 판단하면 어떤 수단을 써서라도 승리를 쟁취할 뜻이 있었다. 비록 그것이 군인으로서 해야 할 인정된 수단과 방법은 아니었지만 지도력은 유연성과 엄격성을 겸비해야 하고 그보다 더 중요한 것은 굴복할 때와 장소를 알고, 단호히 굴복하지 않아야 할 때와 장소를 아는 것이다.

연합군은 불과 한 달도 되지 않은 기간에 어떠한 희생을 치르더라도 이곳을 사수死守하려는 강력한 적으로부터 아프리카 대륙을 탈취했다. 적군의 34만 명 이상이 전사하거나 부상을 입었고 포로로 잡혔다. 포로의 수만 해도 25만 2천 명이나 되었는데 이 중에는 독일군 장군 15명과 이탈리아군 장군 7명이 포함되어 있었다. 이탈리아 국민의 전의는 다시 회복할 수 없는 큰 타격을 받았다. 아프리카에서 싸운 적의 최정예부대 수십만 명 중 도주해서 돌아간 사람은 겨우 538명뿐이었다.

Dwight David Eisenhower

오랜 친구 패튼 장군

북아프리카 진공작전에서 아이크가 이룩한 것 중 또 하나의 값진 성취는 조지 패튼 소장을 사단장으로 기용한 것이었다. 아이크와 패튼은 전부터 절친한 사이였다. 패튼 장군은 아이크의 웨스트포인트 5년 선배였지만 두 사람은 친구처럼 우정을 나누었다. 2년 전 임시 대령이었던 아이크는 곧 예편할 것으로 생각하고 있었다. 이에 반해 패튼은 승승장구하면서 준장에서 소장으로 승진했다. 그러나 곧 두 사람의 입장은 바뀌게 된다. 아이크가 마셜의 신임으로 연합군 총사령관이 되면서 상하관계가 완전히 역전된 것이었다. 그러나 두 사람은 변함없는 우정과 협력을 바탕으로 큰 성과를 올렸다.

두 사람의 우정은 역사가 깊었다. 1919년, 제1차 세계대전이 끝난 후 아이크는 메릴랜드 주 캠프 미드에 전차부대 장교로 전입신고를 했고 여기서 패튼의 가까운 친구가 되었다. 다시 패튼은 프랑스에서 싸웠고, 훈장을 받은 영웅으로 돌아왔지만 아이크는 별볼일없는 평범한 장교에 지나지 않았다. 하지만 패튼은 아이크를 얕잡아 보는 대신 마음이 통하는 사람으로 여겨 장차 기갑전에 대한 열정을 공유했다. 두 사람은 전차의 역할을 개선하는 것이나 전쟁의 현실에서부터 전쟁의 불가사의한 본질과 역사 등의 여러 이야기로 토론하면서 긴 밤을 보냈다.

이런 토론은 아이크에게 깊은 영향을 주었다. 패튼과의 인연은 1926년 육군지휘참모대학에서도 이어졌다. 아이크의 훌륭한 친구 패튼은 자기가 참모학교 학생일 때 정리해 두었던 두툼한 노트북들을 아이크에게 빌려주었다. 후에 패튼은 그의 일기에서 아이젠하워를 275명의 졸업생 중 1등으로 끌어올린 것이 바로 자기 노트의 힘이었다고 적었다.

어쨌거나 아이크와 패튼은 1943년, 튀니지에서 독일군을 몰아내는 작전을 펼치게 되었다. 앞으로 계속될 연합작전을 주도하기 위해서는 처음부터 미국군이 잘 싸운다는 것을 보여주어야 했다. 1942년 11월 미군은 알제리와 모로코 상륙작전에서는 성공하였으나, 1943년 2월 튀니지에서 있었던 연합군과의 작전은 이탈리아군과 독일군의 맹렬한 저항에 부딪쳐 많은 손실을 입었다. 특히 리비아에서 패배한 롬멜의 기갑부대가 튀니지로 퇴각하여 그곳에 주둔해 있던 폰 아르민 장군의 야전군과 합류한 뒤 미군을 50마일 이상 격퇴해 버린다. 연합군

사령관 아이크로서는 이 치욕적인 역전패를 만회하기 위해 모로코에 있던 맹장 패튼을 불러내지 않을 수 없었다. 그는 롬멜과 격전 끝에 패한 미국 제2사단 로이드 장군을 해임하고 조지 패튼 장군을 임명했다. 그 후 '정신과 육체가 다 같이 타락한 애송이 군단'이라고 혹평을 듣던 제2사단을 맡은 패튼은 강도 높은 훈련을 하기 시작했는데, 먼저 다음과 같은 명령으로 군기를 바로잡았다.

우선 복장을 단정히 한다. 반드시 헬멧을 쓰고, 넥타이를 매고, 각반을 착용한다. 이는 취침 전까지 반드시 지킨다.

참모들은 불평이 많았으나 전쟁을 하기 위해서는 단순하고 비정한 인간이 필요하다는 패튼의 전쟁교시를 누구도 말릴 수는 없었다. 전투는 '피와 용기'로 이길 수 있으며 '훈련은 고되게, 전투는 쉽게'라는 확고한 지휘철학을 가진 그였다.

패튼은 기계화 부대에 속해 있다고 해도 병사들이 다리를 사용하지 않으면 전투에서 절대로 승리할 수 없다는 점을 강조했다. 이에 따라 기온이 45도까지 오르내리는 사막에서 자신을 포함한 모든 장병이 매일 1마일씩 구보를 실시했고, 2시간 내에 8마일의 행군을 했으며, 하루 한 수통 이상의 물만 허용하였다. 또한 그는 탱크의 정비불량, 운전미숙에 의한 사고발생, 부대의 집결지 도착 지연, 명령의 부정확한 하달 등에 대해서는 용서 없는 추궁과 가혹한 독설로 부하들을 엄격히 다루었다.

마침내 패튼의 제2기갑사단은 엘겟다 전투에서 롬멜을 물리치고 압승하면서 최상의 전투력을 가진 부대로 탄생한다. 이어 패튼은 미 제7병단 사령관에 임명되는데, 이는 아프리카에서의 전투를 종결시키기 위해 시칠리아 섬으로 침공할 몽고메리 대장의 영국군 엄호역할을 하기 위해서였다. 그러나 작전을 강력히 밀고나가는 성격인 패튼 장군과 모든 일에 신중을 기하는 성격인 몽고메리 장군은 사사건건 대립하게 된다.

패튼은 팔레르모를 먼저 점령하고 내친김에 독일군의 완강한 저지선을 돌파하여 메시나의 함락에 성공하는데, 이는 영국군의 엄호와 영국군 먼저 입성을 위해 진군속도를 줄이라는 사령부의 지시를 무시한 것이었다. 그러나 결과적으로 메시나의 경주에 영국군에 앞서 미군이 승리한 것은 패튼의 명성을 드높였을 뿐만 아니라 미군의 전투능력이 천하에 인정받은 계기가 되었으며, 미군에게 자신과 긍지를 가져다주었다.

Dwight David Eisenhower

연합군 최고사령관

횃불작전이 성공적으로 끝나고 전투가 유리하게 전개되자 지휘능력을 인정받은 아이크는 1943년 2월에 임시 대장으로 진급하고 이탈리아 본토 침공을 개시하기에 이르렀다. 유럽 주둔 미군사령관이 된 후 1년이 채 되지 않아 유럽 연합군 최고지휘관이 된 것이다. 참모총장으로서 마셜 장군은 그 전투지역 수석지휘관 선발에 전적인 책임을 지고 있었다. 그는 아이크에게서 전략적인 계획수립 능력이나 군수와 조직의 재능뿐만 아니라 다른 사람들과 협동할 줄 아는 특별한 능력, 즉 남들과 원만하게 지내고, 그들을 설득하고, 그들 사이를 중재하고, 지도와 격려를 아끼지 않고, 잘못이 있으면 나무랄 수 있는, 모든 면이 종합적으로 어울린 독특한 인품을 보았다. 아이크는 잡담을 하거나 남에게 간사한 친절을 베푸는 그런 사람이 결코 아니었다. 그는 자신의 업무밖에 몰랐지만 보는 사람을 따라서 웃게 만드는 전염성 있는 미소의 소유자이기도 했다. 그 미소는 겸손, 친절 그리고 아무리 승산이 불리한 경우에도 굴하지 않는 낙천주의를 모두 배합해서 보여주는 듯했다. 북아프리카 침공작전에서 대승한 아이크는 버나드 몽고메리 장군과 조지 패튼 장군 같은 고집 센 휘하 부대장들을 철저하게 장악해서 능력을 인정받았다.

이렇듯 아이크가 연합군 최고사령관으로 발탁될 수 있었던 이유는 그가 아니고는 미국과 영국군 및 그 연방군으로 구성된 사상 초유의 연합군을 거느릴 만한 인물을 찾기 어려웠기 때문이다. 연합작전이 전개되던 당시로써는 같은 부서에 근무하는 미·영 두 나라 장교들이 제 나름대로의 경쟁의식에 사로잡혀 독자적으로 업무를 처리하는 경우가 많았다. 아이크는 이러한 상황에서도 공동의 목표를 달성하기 위해 협동해 나가는 분위기를 조성하는 데 최선을 다했다.

6월의 첫 11일 동안에 7백만 파운드 이상의 폭탄이 판텔레리아 섬에 투하되었고, 11일째 되는 날 판텔레리아는 결국 항복했다. 이 섬의 함락과 함께 람페도사, 리노사, 람피오네 등의 여러 섬도 함락되었다. 그래서 시칠리아 섬에 대한 공군의 공격 준비가 추진되었다. 공격 예정일 이틀 전인 7월 8일에 아이젠하워는 전설적인 섬 말타로 비행했다. 다음 날에 호송 함대는 거센 파도를 가르며 북아프리카에서 출항하고 있었다.

바람이 일고 있었다. 그날 밤에 그는 홀로 바람이 휘몰아치는 말타

섬의 해안에 서서 머리 위에서 폭음을 내는 항공기를 지켜보고 있었다. 그리고 그는 성경을 손에 꼭 쥐고 기도하고 있었다. 거의 뜬눈으로 지세며 기도한 기도를 끝낸 후 옆에 있던 장교에게 이렇게 말했다.

"사람은 자신의 두뇌와 준비된 실력과 기술을 다 바쳐 무슨 일을 한 다음에는 전지전능하신 하나님의 손에 맡겨야 합니다. 그것을 이루시는 분이 하나님이시기 때문입니다."

다음 날 아침에 그는 작전에 걸려 있는 거대한 지도 위에 차례차례로 기입되고 있는 작전 상황을 들여다보고 있었다. 시칠리아 섬은 38일 만에 함락되었다. 이것은 조지 패튼의 맹렬한 진격 전술의 결과였다. 예정일로부터 6일 후까지의 사이에 그가 이끄는 제7군은 작전 원안에서 할당된 임무를 완전히 완료했고, 아이크가 이끄는 연합군은 드디어 이탈리아 반도에 입성했다.

아이젠하워는 종종 일선 전장을 방문했는데 여기서 그는 부하 장병들과 아주 친밀해졌으며, 장병들은 마음에서 우러나는 존경심으로 그를 아이제하워가 아닌 아이크라고 부르곤 했다.

이때 그가 행하는 권고는 종종 야전 장교가 정세 판단에 결단을 내리지 못할 때 도움이 되었다. 가끔씩 그가 전술적인 작전에 직접 개입해서 전술 지휘관의 결정을 뒤집어엎는 일도 있었으나 결국에는 그의 판단이 옳았다는 것이 증명되었다. 그가 야전군 장교를 파면시킬 때 인정사정없음을 보고 가끔 불평을 늘어놓는 사람들조차도 아이젠하워가 인정 많고 관대하며 친절한 사내라는 것을 인정했다. 그는 도무지 상상할 수 없을 만큼 냉혹하고 오만한 지휘관 타입과는 달랐으며 장병들도 이런 그를 잘 알고 있었다.

  1943년 11월, 연합군의 파견군 최고사령부가 런던에 설치되었다. 처칠, 루스벨트와 합동 참모본부는 전원 일치로 아이크를 최고사령관으로 선출했다. 3년간의 짧은 기간 동안 그가 5성 장군으로 도약하고 유럽 연합군 최고사령관 직책을 맡을 줄은 아무도 예상치 못했다.

아이젠하워의 리더십

▶ 부대원들과 이야기를 나누는 아이젠하워. 1944년 유럽의 첫 번째 침략에 맞선 공격의 참여를 앞두고 아이젠하워 장군이 공수부대에게 연설을 하고 있다.

몸을 낮추어 마음을 얻는다

연합군이 대공세를 펼치고 있을 무렵이었다. 연합군은 라인강을 건널 준비를 하고 있었다. 그때 아이크는 강둑을 걷고 있는 한 병사와 우연히 만났는데, 그 병사는 무슨 고민이 있는 듯 무척 우울해 보였다. 아이크가 물었다.

"표정이 왜 그래? 기분이 안 좋은가?"

병사가 대답했다.

"장군님, 저는 지금 무척 초조합니다. 신경이 너무도 날카로워져 있어요. 두 달 전에 다쳐서 어제서야 병원에서 돌아왔기 때문입니다. 여전히 몸이 좋지 않습니다."

그러자 아이크가 이렇게 말했다.

"그렇다면 자네는 나와 좋은 짝이 되겠군. 나 역시 자네만큼 초조하고 신경이 날카로워 있다네. 나랑 함께 산책을 즐기는 게 어떻겠나? 마음을 가라앉히는 데 도움이 될 걸세."

그래서 두 사람은 나란히 걷기 시작했다. 아이크가 병사에게 말했다.

"자네 눈에는 병사들 선두에서 지휘하는 내가 대단해 보일지 모르겠지만 나 역시 마음이 불안하고 초조할 때가 많다네. 하지만 내 초조한 마음을 병사들에게 들키면 안 되기에 스스로 마음을 가다듬을 수밖에! 자네에게 이 말을 해주고 싶네. 인생은 백 미터 달리기가 아니라 마라톤이야. 마지막 결승점에서 승리를 얻는 사람은 성큼성큼 빠른 걸음으로 달리는 사람이 아니라, 인내하고 또 인내하며 묵묵히 자신의 길을 걸어가는 사람일세."

Dwight David Eisenhower

사상 최대의 작전을 이끌다

행운을 빈다!
그리고 이 위대하고 고귀한 임무를 수행함에 있어서
전지전능한 하나님의 축복이 우리와 함께하시기를 간구하는 바이다.

– 드와이트 D. 아이젠하워 –

4장

Dwight David Eisenhower

노르망디, 운명의 시간

　　　　아이크는 세계 역사상 전례가 없었던 최대 규모의 전쟁에서 최대 규모의 다국적 군대를 총지휘했다. 육해공 4백만 명의 대군을 장악하여 연합군의 총공격을 계획하고 지휘했다. 제2차 세계대전의 승부를 가르는 승부수는 '오버로드Over Lord작전' 이라고 명명된 노르망디 상륙작전이었다. 이 작전은 1944년 6월 6일에 개시되었다.

　여러 나라 군대들로 구성된 다국적군과 자존심이 센 예하 지휘관들을 통솔한다는 것은 무척 지난한 일이었다. 그런데도 그는 비범한 능력을 발휘해 연합군을 통솔하여 어려운 승리를 일궈냈다.

　작전을 성공시킨 최고의 힘은 목숨을 바쳐 싸운 장병들이었겠지만, 이들을 총지휘한 연합군 사령관 드와이트 데이비드 아이젠하워의 리더십도 그 성공에 큰 역할을 했음은 물론이다. 직접 작전을 지휘하는 그의 태도와 행정능력 덕분에 연합군은 유사 이래 최대의 상륙군사력을 한곳에 집결시켰고, 작전 순간까지 기습시간과 장소를 소름끼칠 만큼 극비에 부쳐 철벽보안에 성공했다.

오버로드 계획이 처음 윤곽을 드러낸 것은 1943년 5월의 일이었다. 연합군 사령부는 도버 해협을 건너 직접 침공하는 것을 선호했지만 그곳에는 이미 독일군이 17개 사단이나 주둔하고 있었다. 그래서 상대적으로 수비가 약한 프랑스 북서쪽의 노르망디 해안이 다음 상륙 예정지로 떠올랐다. 작전의 관건은 독일군의 증원 능력보다 얼마나 빨리, 얼마나 많은 병력을 해안에 상륙시키느냐에 있었다.

원래 계획은 하루 전인 6월 5일에 감행할 예정이었으나 거센 비바람이 연합군의 발길을 막고 있었다. 기상 상태를 세심하게 검토한 결과 6일 오후에는 비가 개고 바람도 잠잠해질 것이라고 예측됐다.

"사령관님, 어떻게 할까요?"

부하 지휘관들은 모두 아이크를 바라보고 있었다. 아이크는 지나치게 심각해지지 않으려 노력했다. 그는 아무리 복잡한 상황도 단순화하는 특별한 능력이 있었다. 아이크는 결단의 기로에 서서 악천후를 무릅쓰고 공격을 단행하기로 마음을 굳혔다. 군대의 사기 진작을 유지하기 위해서라도 노르망디 상륙작전을 예정대로 펼쳐야 했다. 폭풍우가 너무 심해 실패할 것이라는 예측이 쏟아지는 상황에서 아이크의 뚝심의 리더십이 그대로 발휘되었다.

"좋다, 작전을 개시하라!"

무심한 듯 낮게 말했지만, 단호한 어조는 성공에 대한 확신에 다름이 아니었다. 마침내 6월 6일 새벽 1시 30분, 미군과 영국군의 공수부대가 낙하하는 것으로 역사상 최대 규모의 상륙작전이 개시되었다. 연합국 총사령관 아이크는 적이 포착할 수 있는 모든 정보를 차단하기 위하여 "막강한 공군의 지원을 받은 연합군 병력을 프랑스 북부 해안에 상륙시켰다"라는 간단한 문구로 전 세계에 연합군의 대대적인 작전이 개시되었음을 선언한다. 노르망디에는 미국 제1군, 영국 제2군, 캐나다 제1군을 주축으로 한 연합군이 상륙했고, 영국 몽고메리 장군이 상륙군의 실전 지휘를 맡았다.

노르망디 상륙작전은 그야말로 사상 최대의 작전이었다. 작전 당일 하루 동안 연합군은 병력 8만 7천 명, 각종 차량 7천 량, 보급물자 3천 5백만 톤을 상륙시켰고, 7월 말까지 그 수량은 각각 156만 7천 명, 33만 3천 량, 160만 톤에 달했다.

상륙작전이 치열해지자 아이크 장군의 음성이 라디오 전파에 실려 서부 유럽으로 퍼져나가기 시작했다. 프랑스인들을 겨냥한 아이크 장군은 주로 대대적인 연합군의 공격이 시작되었음을 알렸다.

"프랑스 시민들이여, 이미 프랑스 땅에 발을 딛는 성공적인 연합군의 상륙이 이루어졌으며 나는 프랑스인들에게 더욱 자신 있게 이 메시지를 전할 수 있게 되었습니다. 하지만 아직 여러분들은 여러분들 지도자의 지시를 따르십시오. 성급한 봉기는 도움이 되지 않습니다. 이번 상륙작전은 서부 유럽을 해방시키는 첫 발걸음이며 우리는 앞으로도 수많은 전투를 치러야 할 것입니다. 자유를 사랑하는 모든 이들이 우리들의 편에 서주기를 기원합니다."

이 날 수송기 2,316대와 수많은 글라이더로 공수부대를 독일군 배후에 투하해 프랑스 내륙에 거점을 확보한 연합군은 그와 거의 동시에 항공기 총 1만 3천 대와 함선 6천 척을 동원하여 노르망디 해안을 초토화하면서 7개 사단을 그곳에 상륙시켰다.

미 제82, 제101공수사단은 '카렝탕'에, 영국 제6공수사단은 '캉' 부근에 낙하해 상륙지점의 양측방을 엄호할 계획이었는데, 야간인데다 바람까지 심하게 불어 병력과 장비가 집중되지 못하고 광범위한 지역에 흩어져 버렸다. 그런데 이 어수선한 투입이 오히려 전화위복의 기회를 제공하게 된다. 뿔뿔이 분산된 공수부대의 투입이 독일군으로 하여금 연합군의 공격방향과 규모를 짐작할 수 없게 만든 것이다.

독일군은 갈팡질팡하며 노르망디로 예비 병력을 보내지도, 반격을 가하지도 못한다. 연합군의 노르망디 상륙을 예상했던 롬멜 원수는 독일에 가 있었고, 히틀러는 깊은 잠 속에 빠지는 불운이 겹쳤다. 그의 부관은 히틀러가 화를 낼 것을 두려워해 그를 깨우지도 못했다.

새벽 6시 30분, 서서히 동쪽 하늘이 밝아올 무렵 해상에서 대기하던 연합군 함대의 함포 사격이 시작되었다. 6천여 척의 각종 선박에는 28만 7천 명의 병력과 각종 전투 장비가 가득 실려 있었고, 하늘에는 1만 2천 대의 전투기와 폭격기들이 폭음을 울리며 날고 있었다. 상륙해안은 차례대로 유타, 오마하, 골드, 주노, 소드 등 미리 5개 지역으로 구분되어 있었는데, 유타와 오마하는 미군이, 나머지는 영국군이 담당하기로 되어 있었다. 포격과 공습이 끝난 직후 상륙이 개시되었다.

사상 최대의 상륙작전에 동원된 미군과 영국군 그리고 캐나다군 병력들은 노르망디 해안 160킬로미터를 따라 12군데로 분산해서 상륙했다. 연합군 정보기의 분석에 의하면 파사 데 칼라이스에 주둔하고 있는 독일 병력이 가장 강력한 방어진을 펴고 있었으며 막강한 파워를 자랑하고 있던 그들의 기갑사단도 여전히 제 위치를 지키고 있었다.

본격적인 작전은 독일의 해안 방어 진지와 지뢰밭을 때리는 수많은 폭격기의 공습과 함께 시작되었다. 새벽 5시가 되자 해안에서 가까운 바다 위에는 영국의 각 항구에서 끌어 모은 수천 대의 선박이 연합군 병사들을 실은 채 새카맣게 몰리고 있었으며 곧 그 뒤쪽에 집결해 있던 전함들이 독일군의 방어 진지를 향해 수만 발의 포탄을 날리기 시작했다. 그리고 먼저 상륙한 공병특공대원들은 탱크와 자주포의 엄호를 받으며 장애물을 폭파하기 시작했다.

독일군의 저항은 아이크 장군과 그 밖의 연합군 지휘관들이 미리 예상했던 것처럼 그리 만만치가 않았다. 그동안 연합군 공군기의 2~3퍼센트가 추락한 것도 이미 예상했던 피해지만 시간이 흐르면서 독일군의 서치라이트가 증강되고 그들이 자랑하는 20밀리미터 기관총들이 모래사장을 힘겹게 전진하고 있는 상륙군들을 향해 모두 배치되기 시작했다. 또한 원시적이긴 하지만 날카롭게 깎은 말뚝들이 해안 지역에 수없이 박혀 있는 것도 발견되었다.

작전이 시작되기 전부터 아이크 장군을 비롯한 연합군 지휘관들을 괴롭혔던 것은 어떻게 해상을 통해 육로를 이용하는 독일군보다 빠르게 지원을 할 수 있느냐는 문제였으나 작전이 시작되자 영국 공군과 미 공군이 적의 열차 선로들, 교량, 레이더 통신망 그리고 보급 창고들을 철저히 파괴하면서 이 문제를 훌륭히 해결해 주었다. 이에 따라 독일군은 하룻밤에 상당한 양의 이동 능력과 보급품을 잃게 되었다.

네 곳에서는 일찌감치 상륙에 성공했다는 보고가 들어왔지만, 오마하 해변 쪽에서는 보고가 늦어지고 있었다. 완전히 날이 밝은 후에야 오마하 해변에서도 상륙에 성공했다는 보고가 들어왔다. 아이크는 안도의 한숨을 내쉬었다. 낙천적인 아이크였지만 이번 작전에 임하는 마음만큼은 적잖이 긴장했던 터였다.

하지만 미 제1보병사단과 제29보병사단, 제2레인저대대가 상륙한 오마하 해변에선 피비린내 나는 격전이 벌어진다. 가장 강력한 방어시설이 거의 피해를 입지 않고 남아 있었던 데다, 그곳에서 훈련 중이던 독일 제352사단의 반격을 받았기 때문이었다. 영화 '라이언 일병 구하기'의 무대가 된 곳이 바로 이 오마하 해변이다.

그곳에서 독일군의 포격과 기관총 사격 앞에 엄청난 사상자가 발생했다. 작전 첫날 투입된 15만 6천 명의 연합군 병력 중에 1만 명의 사상자가 발생했는데, 대부분 오마하 해변에서 목숨을 잃었다. 오마하 해변에 바로 잇닿은 포인트 두 호크Pointe du Hoc 절벽의 독일군 포대와 탄약고를 폭파하는 데는 미군 레인저 부대원 225명이 투입되었는데, 작전이 끝난 후 생존자는 겨우 90명에 불과했다.

노르망디 해안은 험한 절벽이었고 상륙작전 전날 밤은 폭우와 안개 등으로 도저히 작전을 수행하기 어려운 극한 상황이었다. 이런 상황에 고민하던 연합군 지도자들은 이 결정적인 작전의 성공을 위해 기도했다. 루스벨트 대통령, 처칠 수상, 아이크 모두 전쟁의 승리를 위해 지극정성으로 기도했다. 아이크가 오랫동안 전략을 수립하고 가장 치열한 전투가 전개된 이 작전은 나치 독일군에게 결정적 타격을 안겨주었다. 이 작전은 90일간의 전투라고 일컬어진다. 그만큼 집중적인 전투가 전개돼 희생자도 많았다.

노르망디 상륙작전의 성공 배경은 연합군이 물샐틈없는 전략과 전술을 구사한 결과이기도 하지만 독일 롬멜 사령관이 남부 독일 우름시에 있는 아내에게 생일선물을 전달하느라 프랑스 기습현장을 비웠다는 사실 또한 큰 이유였다. 또 연합군은 1944년 봄부터 영국 남부 해안지대 각 항구에 수백만 명의 미군들이 북적거리게 하고 보급품과 무기탄약들을 실어날라 프랑스 북부 칼레지방이 상륙지점인 것처럼 독일군을 속였다. 그리고 연합군 양동작전팀이 이따금 칼레지방에 출격하여 노르망디로부터 나치군의 주의를 분산시켰고 고무로 만든 가짜 탱크들을 수없이 배치해 칼레지방 침공이 임박한 듯 속임수를 썼다. 악전고투 끝에 연합군은 노르망디 해안에 교두보를 구축하는 데 성공했다.

한편 영국 의회에 참석한 처칠 수상은 "이제 작전이 만족한 성과를 올리고 있으며 피할 수 없었던 수많은 어려움들이 극복되었다"면서 작전이 성공하였음을 시사했다. 전체적인 연합군의 피해는 예상보다는 훨씬 적었으며 독일군의 저항도 연합군 공군의 활약으로 차츰 기세가 꺾이기 시작했다. 작전이 시작된 당일 저녁 무렵, 연합군은 독일군의 진지를 향하여 수 킬로미터 전진하는 성과를 올렸다.

연합군이 히틀러가 부르짖던 대서방 철벽을 돌파했다는 소식을 들은 스탈린은 노르망디 상륙작전을 이렇게 평가했다.

"그 엄청난 규모와 뛰어난 작전 수행능력 면에서 전쟁 역사상 그것과 비교될 만한 것은 아무것도 없다. 역사는 이 업적을 최고의 성취로 기록할 것이다."

Dwight David Eisenhower

기도로 시작된
노르망디 상륙작전

1943년 아이크는 지중해의 말타_{Malta} 섬에서 비밀리에 2차 대전의 결정적인 분기점이 됐던 노르망디 상륙작전의 수립과 집행을 준비했다. 연합국 파견군 총사령부 작전실의 벽에 걸린 부대 배치도에는 부대의 정확한 소재 및 각 부대 수송의 진행상황이 표시되어 있었다.

한편 번스티플, 일플레콘, 다트마우스 주변에서는 상륙 연습이 몇 번이나 되풀이되었다. 다가올 작전 그대로의 예행연습이 행해졌는데, 부대는 진짜 병기를 사용해서 훈련했다. 상륙작전이 있기 며칠 전 아이크는 항구가 내려다보이는 언덕에 올라 작전 예행연습을 하고 있는 군인들을 내려다보고 있었다. 그때 갑자기 아이크가 무릎을 꿇고 모자를 벗더니 무엇인가 하나님께 기도를 드렸다. 이를 지켜보던 지휘관들도 함께 무릎을 꿇고 기도를 드렸다. 기도를 마친 아이크가 이렇게 말했다.

"이제 운명의 시간이 다가왔습니다. 우리의 모든 지식과 훈련받은 것을 동원할 시간이 다가온 것입니다. 그리고 이 모든 것은 하나님의 손에 있습니다. 하나님께 모든 것을 맡겼으니 이제 우리는 행동을 개시해야 합니다."

노르망디 상륙작전 전날 밤인 1944년 6월 6일은 폭우와 안개 등으로 도저히 작전을 수행하기 어려운 극한 상황이었다. 악천후를 고민하던 연합군 지도자들은 이 결정적인 순간을 위해 기도했다고 한다.

한편 기상 예보자인 스태그Stag 대령의 정확한 일기예보를 확신했던 연합군 수뇌부는 결단을 내리게 되고 역사상 가장 큰 군사작전인 노르망디 상륙작전을 감행했다. 아이크는 상륙작전의 명령을 내린 그날 장병들에게 이렇게 연설했다.

"연합 원정군의 육해공군 장병들! 여러분들은 바야흐로 위대한 십자군 원정에 나서려 하고 있다. 여러 달 동안 우리는 이 과업을 준비하기 위해 땀을 흘렸다. 지금 세계의 시선은 여러분들에게 쏠려 있다. 자유를 사랑하는 사람들은 어디에 있든지 그들의 희망과 기도는 여러분들과 함께 진군할 것이다. 다른 전선의 전우 및 동맹군과 함께 여러분들은 독일 전쟁기구를 파괴해야 하며, 유럽인들을 억압하고 있는 나치 전제주의자들을 제거하고, 자유세계의 모든 사람들의 안전을 확보해야 한다. 여러분들의 임무는 결코 쉽지 않다. 여러분들의 적은 잘 훈련되어 있고 무장되었으며 수많은 전투경험으로 단련되어 있다. 적은 처절하게 대항할 것이다. 그러나 지금은 1944년이다. 1940~1941년의 나치 승전 이후 많은 일들이 일어났다. 연합국들은 수많은 회전과 백병전에서 독일을 대패시켰다. 우리의 항공전술에 의해 그들의 항공 전력과 지상에서의 전쟁 수행능력은 크게 약화되었다. 우리의 조국 후방전선은 우리에게 압도적으로 우세한 무기와 탄약을 제공하고 있으며 훈련된 예비 전투병력을 준비해두고 있다. 대세는 바뀌었다! 세계의 자유민들도 승리를 향해서 함께 진군하고 있다! 나는 여러분들의 용기, 임무에 대한 헌신성 그리고 전투역량에 무한한 자신감을 갖고 있다. 우리는 완전한 승리 이외에는 아무것도 인정하지 않는다. 행운을 빈다! 그리고 이 위대하고 고귀한 임무를 수행함에 있어서 전지전능한 하나님의 축복이 우리와 함께하기를 간구하는 바이다."

독일군은 악천후를 믿고 경제를 소홀히 하다가 결국 연합군의 기습공격을 당한다. 역사적인 노르망디 상륙작전의 분수령은 바로 아이크의 기도에 있었다. 전쟁이 끝난 후 알려진 사실이지만 연합군의 판단과는 달리 당시 독일군 기상장교는 6일에도 악천후가 계속될 것이라고 보고했고, 이에 독일군의 경계가 소홀해져 결과적으로 상륙작전 성공에 큰 도움이 됐다. 실제로 상륙작전이 끝난 후 아이크는 스태그 대령에게 다음과 같은 메모를 보냈다.

> 고맙소. 그리고 우리와 함께하신 여호와께 감사를 드립니다.

또한 아이젠하워는 한 언론과의 인터뷰에서 노르망디 상륙에서 성공을 거둔 후 이렇게 간증하고 있다.

"작전 개시 이후 24시간 내에 벌어진 사건들은 내 인생에서 전능하고 자비하신 하나님의 존재를 증명해 주었습니다. 지독했던 날씨가 갑자기 개면서 대공습을 감행할 수 있었고, 피해는 저희가 예상했던 것보다는 훨씬 적었습니다."

Dwight David Eisenhower

유럽을 탈환하다

노르망디 상륙작전이 성공하면서부터 연합군이 패권을 장악하게 되었다. 이 상륙작전으로 연합군은 적의 허를 찔러 승리를 이끈 결정적 계기를 만든 것이다. 오버로드 작전, 즉 프랑스를 해방하고 독일 본토로 진격하기 위한 노르망디 상륙작전이 성공하면서 서유럽을 확보함에 따라 전세는 기울기 시작했다. 첫 공격에 15만 6천 명이 넘는 민주주의 문명의 군대와 나치 전체주의 군대 간의 전쟁의 결과까지도 걸려 있었다.

노르망디 상륙의 성공은 아이크 자신이 회고록 제목에 이름 붙인 '유럽의 십자군' 의 시작에 불과했다. 전투의 전반적인 목적뿐만 아니라 매일매일의 전투 행위에 관련된 모든 결정은 그의 판단을 요했다. 그는 연합군의 공동의 적(독일뿐 아니라 연합군 내부의 분자), 즉 국가적인 혹은 개인적인 목표가 아주 다르기 때문에 확실한 분열까지는 아니더라도 영구적인 마찰을 일으킬 수 있는 장군들과 정치지도자들과 맞서지 않으면 안 되었다.

  히틀러의 독일 군대를 패배시킨 동맹은 역사상 가장 복잡하고 어려운 것이었다. 정치 및 외교정책 결정은 다른 사람이 하지만 그 정책이 전쟁의 노력을 방해하지 않고 진전시키는 방법으로 시행하는 것은 아이크의 책임이었다. 그는 갈등하는 사람들과 이념들을 서로 화합시켜야 했는데, 그것은 지도력과 경영능력의 어려운 과제였다. 군사적으로는 침공교두보가 확실히 확보되고, 주요 연합군 병력이 노르망디의 위험한 관목림 지역을 벗어나자 유럽 침공작전은 놀랄 만한 속도로 진행되었다.

  6월 7일, 아이젠하워는 영국의 쾌속 기뢰 부설함을 타고, 해협을 횡단해서 오마하 해안의 앞바다에 도착했다. 일기는 아직도 나빴다. 아이크는 함상에서 브래들리, 몽고메리, 미국 해군 소장인 알랜 커크와 회의를 열었다.

  이 주 중 해안 교두보는 아직도 취약해서 만약 독일군이 거느리고 있는 모든 병력을 투입해서 반격으로 나올 경우에는 어이없이 붕괴할 정도의 것밖에는 안 되었다. 그런데도 롬멜의 전략은 방위 위주로 노르망디 대지라는 특수한 지형에 의존하고 있었다. 노르망디 방면으로 향한 독일군의 이동은 당연히 폭격으로 극심한 제한을 받아 소규모의 단편적인 투입만 가능했기 때문에 오히려 시시각각 증강되는 연합군의 압력을 지탱하기조차 어려워졌다. 무엇보다 독일군은 자신들의 전략에 자부심을 갖고 있던 터라 오히려 자기 꾀에 넘어간 꼴이 되었다.

연합군은 빠른 속도로 교두보를 확대해 나갔다. 6월 18일에 제7사단의 선두 부대는 코탄탄 반도의 돌출부인 셰르부르를 멀리서 포위했고 해안선에 도달한 지 24시간도 안 되는 동안에 브래들리 군은 셰르부르를 향해 북진을 개시해서 6월 하순에는 그곳을 완전히 점령했다.

아이크는 전략 폭격을 비롯해 적의 저항력을 약화시킬 모든 노력과 상륙 예정지에 대한 기만방책을 철저하게 구사하고 준비단계에 착수했다. 유럽대륙에 최초의 폭격을 실시해 연합군은 상대국의 전반적인 경제체제를 무너뜨리는 데 총력을 기울였다.

우선 독일의 여러 도시를 폭격해 국민의 전투의지를 분쇄해 버리고 그 다음 군사기지 및 병참선을 직접 강타하면서 광범위한 폭격을 전개했다. 예상치 못한 공격에 독일군은 힘없이 물러설 수밖에 없었다. 독일군은 제공·제해권을 상실했고, 연합군 공군의 폭격이 독일군의 병력이동을 방해해 효과적인 반격이 불가능했다.

1944년 말경 아이크는 새로운 문제에 봉착했다. 미군 병사들이 전투에서 손쉽게 승리를 거두며 파죽지세로 진격하자 자기만족에 빠지게 된 것이었다. 이는 일종의 불사신 의식으로 아이크는 그것을 '승리의 열병'이라 불렀다.

아이크의 우려는 현실로 나타났다. 12월, 독일군은 소위 '발지전투'로 알려진 강력한 역공을 개시했고, 자만심에 넘쳐 해이해져 있던 미군은 고전을 면치 못했다. 그러나 아이크는 위기를 기회로 삼을 줄 아는 리더십을 발휘했다. 그는 승리를 확신하는 불변의 태도와 신속한 대응으로 국면을 전환해서 오히려 연합군의 완전한 승리를 굳혔다.

아르덴느 전투에서 미국인의 불사신 의식에 공헌을 했던 것이 바로 승리의 열병이었다. 이런 위기 중에서 아이크의 불변의 태도와 신속한 대응은 잠재적 연합군의 파국을 오히려 연합군의 완전승리로 접어들게 전황을 전환시켰다. 아이크는 위기를 극복하는 자신의 불변의 태도가 어디에서 나오는 것인지에 대해서 이렇게 말한 바 있다.

"우리가 위기에 처했을 때 믿음은 결단할 수 있는 용기를 줍니다. 하지만 결과는 하나님에게 맡기고 전적으로 그 분을 신뢰해야 합니다. 이것이야말로 우리가 평안 가운데 책임을 잘 감당할 수 있는 길입니다."

발지전투에서 승리한 후 연합군은 1945년 3월 7일, 라인강을 건넜고 전선의 진격으로 1945년 5월 7~8일 사이에 독일의 항복을 이끌어냄으로써 유럽에서의 전쟁은 종전되었다. 아이크는 소비에트의 붉은 군대가 베를린을 점령하게 허용했다는 부분적인 결정 때문에 맹렬하고 신랄한 비판을 받았지만, 대체적으로 영웅으로 축하의 환호를 받았다.

이 결정의 정치적 견해는 연합국 국가원수(1945년 2월 얄타회담에서 베를린을 소비에트에 주기로 약속했었다)들 때문에 베를린을 잃었다는 데 모아졌지만, 군사적인 면에서 아이크는 얄타회담의 결정에 동의했다.

즉, 그는 베를린을 러시아군에게 넘긴 것은 잘한 일이라고 생각했다. 베를린은 지리적으로 볼 때 러시아군과 더 가깝고, 그들의 병력이 더 많았기 때문이다. 더더욱 중요한 것은 러시아군이 나치의 수도를 장악하기 위해 많은 병력을 기꺼이 잃을 준비가 되어 있었다는 데 있다. 아이크의 목적은 결코 땅이나 도시를 점령하는 것이 아니었다(그에게 1944년 8월 25일 파리를 해방시키라고 명령했던 사람들은 바로 정치인들이었다. 그는 그 명령을 피하고 싶었다). 그의 목표는 오직 적군을 섬멸하는 것이었다.

미국 남북전쟁 때 율리시즈 그랜트 장군처럼 아이크는 전쟁에 이기는 것은 오로지 적의 병사들을 죽임으로써 가능하다고 판단했다. 그렇기 때문에 승리는 적군의 땅을 점령하거나 도시를 해방시키는 것과는 별 상관이 없다고 판단했다.

상륙을 개시한 후 일주일 만에 32만 7천 명의 후속 병력과 5만 4천 대의 차량, 1만 4천 톤의 보급품을 양륙시켰다. 그 후 6월 27일에는 '셰르부르', 7월 18일에는 '생로', 7월 24일에는 '캉'이 연합군 수중에 떨어졌고 노르망디 상륙작전의 성공으로 연합군은 작전 두 달 만인 1944년 8월 25일 파리를 수복하고 독일 본토로 진격해 들어갈 수 있었다.

8월 27일 주일 아침에 아이크는 오를레앙 문을 통과해서 파리에 입성했다. 그는 대담하게 예하 부대가 센강 남안에서 거둔 승리를 최대한 이용했다. 지그프리트 선의 측면을 우회해서 루르지방으로 진출하면 무조건 승패의 열쇠를 쥘 수 있기 때문에 이것을 노린 것이다.

연합군은 기세를 몰아서 독일 본토를 향해서 밀어붙여 나갔다. 패튼 휘하의 전차부대는 룩셈부르크에서 독일군의 측면을 찔렀고, 미 제1군과 제9군은 라인강의 서안을 치고 올라가서 쾨른까지 남하했으며, 미 제3군은 독일의 중원을 향해 진격해서 독일의 중심부로 들어갔다.

4월 22일, 볼로냐가 영국과 미국군의 손에 떨어졌고 그날 러시아군은 동부에서 베를린으로 진입하는 데 성공했다. 그 후 4월 27일에는 미군과 러시아군이 서로 환성을 지르면서 엘베 강변에서 만났다. 독일의 심장 베를린은 3일 후에 완전히 소련군의 수중에 떨어졌다. 독일 방송은 히틀러가 죽고, 그 뒤를 이어 칼 데니히 제독이 총통이 되었다고 발표했다. 이제 전쟁은 끝이 났다.

연합군이 승리를 거둔 후 아이크의 명성은 하늘을 찌를 듯이 높아졌다. 1944년 12월, 아이크는 좀처럼 수여하지 않는 5성 장군인 육군원수로 진급되고, 1945년 6월 방문차 미국으로 돌아왔다. 아이크는 전 세계적으로 영웅으로 환대받았다. 전쟁이 끝난 후 그는 군에 은퇴할 의사를 밝혔지만 1945년 11월에 해리 트루먼 대통령이 마셜 장군을 교체하여, 그를 육군참모총장에 임명했다.

Dwight David Eisenhower

오, 나의 어머니

전쟁을 치르는 동안에도 아이크는 어머니에게 편지 쓰는 일을 잊지 않았다. 한 달에 한 번 정도 어머니에게서 편지가 날아왔다. 때로는 소포 꾸러미가 운송되어 오곤 했는데, 그 소포 속에는 손수건이나 다른 기념품 같은 것들이 들어 있었다. 아이크의 명성이 점점 높아져감에 따라 사람들이 아이크에게 전해 달라고 어머니에게 보내온 것들이다. 아이크는 어머니가 너무 지쳐 버릴 것 같아서 그녀에게 기자나 사진사들과 자주 만나지 말 것을 부탁했다. 그래도 아이크는 아이다가 이 세계에서 가장 위대한 여인이라는 사실을 많은 사람들이 알게 되어 무척 기쁘다고 편지에 쓰기도 했다.

아이크의 명성이 드높아지기 시작할 무렵 아이다의 인생은 사뭇 다른 고비를 맞고 있었다. 여섯이나 되는 아들을 모두 훌륭하게 성장시켜 사회에 내보낸 데이비드와 아이다는 이제 평온하고 조용하게 축복받은 생활을 즐기고 있었다.

아버지 데이비드는 말년에 한 공공사업 회사로 일자리를 옮겨 연금이나 보상 문제의 일을 맡았다. 수입이 결코 대단한 것은 아니었지만 멋있는 벽난로와 냉장고 그리고 조그마한 자동차를 살 수 있을 만큼은 되었다. 여가시간이 많아진 아이다는 정원의 꽃이며 딸기를 가꾸는 데 시간을 보내기도 했고 코바늘로 장식용 소형 냅킨과 테이블 세트 같은 것을 짜기도 했다.

그런데 1942년 초, 80세 생일을 얼마 앞두고 아버지 데이비드가 세상을 떠났다. 일주일 동안 어머니는 미칠 것 같은 슬픔에 빠져 있었지만 이내 마음의 안정을 되찾았다. 하지만 그때 이후로 어머니는 아주 딴 사람처럼 변해버렸다. 그녀는 옛 추억과 기억들을 모두 잊어버린 것 같았다. 여전히 즐겁고 유쾌한 나날을 보내는 듯했지만 지난날의 일들을 잘못 기억하여 놀림을 받을 때에도 즐거워하는 등 예전과 다른 모습을 보였다.

그 무렵 캔자스 주립대학의 총장이 된 밀톤이 아이다를 주일 만찬회에 자동차로 모셔가곤 했는데, 그럴 때면 밀톤은 식사를 마치고 일어서면서 아이다에게 이렇게 묻곤 했다.

"어머니, 오늘 저녁에 우리가 뭘 먹었죠?"

아이다는 잠시 생각을 하는 듯하다가 곧 화사한 미소를 얼굴에 띠며 대답했다.

"그 참 훌륭한 식사였어, 그렇지 않아요?"

밀톤은 가끔 또 다른 식으로 아이다를 놀리기도 했다.

"어머니, 난 말이죠. 어머니가 여섯 아들의 이름을 순서대로 외우실 수 있는지 모르겠어요."

"아, 그건 네가 잘 알지 않니? 그건 네가 알고 있듯이……"

그녀는 만족스러운 표정으로 대답했다.

아이다가 혹시라도 갑작스러운 불행이나 사고를 당하지 않도록 하기 위해서 여섯 아들은 그녀에게 훌륭한 간호사를 붙여두고 항상 시중을 들도록 했다. 아이크와 다른 아들들에게 규칙적으로 편지를 써 보낸 것은 바로 간호사였다. 그녀의 편지는 양딱총 나무들이 잘 자라고 있다든지, 제라늄을 화분에 보기 좋게 심어 놓았다든지, 쇼를 보러 외출했다든지 하는 평범하면서도 평화로운 이야기들로 채워져 있었다. 훗날 아이크는 옛날의 추억에 잠기면서 평온무사함, 거리낌없는 밝은 미소 그리고 모든 일에 대한 다정하고도 부드러운 태도와 인종의 모습 등으로 어머니를 회상하곤 했다.

1946년 9월 11일, 어머니는 84세의 나이로 잠자던 중에 평화롭고 고요히 세상을 떠났다. 아이크는 어머니에 대해 이렇게 말했다.

"내 어머니 아이다는 세상의 소금이었지요."

Dwight David Eisenhower

부대원들에 대한 배려

아이크는 자신이 지휘하는 병사들 만나는 것을 즐겼다. 그는 틈나는 대로 부대를 방문하곤 했는데, 자신의 방문이 병사들에게 부담을 주는 것을 원치 않았기 때문에 사열하는 것 따위는 생략하고 평소처럼 훈련하고 있는 병사들을 만났다. 그는 부대의 고위간부들보다 병사들 만나는 것을 더 즐겼고, 식량과 보급품 등 구체적인 사항을 물으며 그들의 애로사항에 귀를 기울였다.

한 번은 이런 일이 있었다. 그는 진군하는 부대원들 사이에서 열댓 명의 병사들과 함께 걸으며 한 병사와 이야기를 나누고 있었다.

"자네, 원래 직업은 무엇이었나?"

"농부였습니다."

"좋아. 나도 군인이 되기 전에는 농부였지. 무엇을 길렀나?"

"밀을 길렀습니다."

"얼마나 경작을 했나?"

"300에이커쯤 됩니다."

그러자 아이크가 이렇게 농담을 했다.

"대단하군. 전쟁이 끝나면 자네를 찾아가 일자리를 구해야겠는 걸."

그리고 나서 걸음을 멈추고 병사를 바라보며 이렇게 말했다.

"자네, 내 부탁 하나만 들어주게. 내가 낚시광이거든. 그런데 이놈의 전쟁 때문에 낚시를 하러 간지가 언제인지 모르겠어. 낚시 좀 갈 수 있도록 이 전쟁을 빨리 끝내자고."

또 한 번은 이런 일이 있었다. 미끄럽고 진흙투성이인 벙커 위에서 병사들과 담소를 나누고 있던 아이크는 이야기를 마치고 내려오다가 미끄러져 그 자리에 털썩 주저앉고 말았다. 사령관이 진흙을 뒤집어쓰고 주저앉은 모습을 보고 병사들은 웃음을 터뜨리지 않을 수 없었다. 그러자 아이크는 사령관으로서의 체면 따위는 생각하지 않고 병사들과 같이 호탕하게 웃었다. 훗날 그는 당시를 이렇게 회상했다.

"나는 터져 나온 웃음소리 덕분에 그 어떤 때보다도 전쟁기간 동안 병사들과 만난 것이 잘한 일이었음을 확신할 수 있었다."

그는 병사에게 그 어떤 충고나 설교도 하지 않았다. 그저 옆에서 위로하고 격려해 주고자 노력했을 뿐이었다. 그의 차에는 항상 병사들에게 말하기 위해 커다란 스피커가 달려 있었다. 그것을 이용해 그는 연병장을 지나갈 때나 행군 중인 부대원들 사이를 지나치면서 격려의 말을 하곤 했다.

"이 전쟁에서 승리할 사람들은 바로 여러분입니다."

그는 전쟁에서 병사들의 임무가 얼마나 중요한지를 강조했고 병사들을 지휘할 수 있는 것이 자신에게 주어진 특권이라고 생각했다. 그는 종종 이렇게 말하곤 했다.

"지휘관이란 병사들의 사기를 고취시키기 위해 가끔 그들을 만나야 한다. 거기에 더해 병사들을 만나는 것에는 또 다른 의미가 있다. 나 역시 병사들로 인해 기분이 고취되기도 하는 것이다."

아이크의 주변 사람들은 그에게 병사들을 방문하는 횟수를 줄이거나 중단하라고 권유하기도 했다. 그래 봐야 전체 중의 작은 부분만을 보게 될 뿐이라는 것이 그들이 논리였다. 그들은 아무 소득도 얻지 못하고 피곤하기만 할 뿐이라고 말하기도 했다. 하지만 그는 그 말에 동의하지 않았고 그러한 충고를 전혀 따르지도 않았다. 그는 그저 이렇게 대답할 뿐이었다.

"우선 방문을 통해서 나는 그들의 마음가짐에 대한 정확한 진상을 얻을 수 있었어. 나는 내게 대꾸해 주는 병사를 만나는 동안 그들에게 무엇이든 다 이야기했지. 내가 느끼기에 이런 것들을 통해 병사들은 자신의 장점과 습관을 이야기할 수 있었고 좋은 점들이 더욱 증진되었다고 보네."

아이크는 병사들이 고위 장성들과 대화할 수 있다는 것을 알고 나면 직속상관들과 대화를 나누는 것도 두려워하지 않을 것이라고 생각했다. 그래서 장교들에게도 병사들과 대화를 나누며 한 사람 한 사람에게 신경을 써주면 군의 사기에 큰 도움이 될 것이라고 말하면서 그렇게 하도록 권장했다.

"전쟁에서 총을 들고 싸우는 집단 중에 상당수가 현명하고 진취적인 사람들이다. 병사들이 자연스럽고 제한 없이 상관에게 이야기할 수 있다면 그들의 그런 재능이 살아날 것이다."

제2차 세계대전 당시 아이크는 지역 부사령관 에버릿 휴즈에게 짧은 메모를 보냈다.

> 어제 우리 병사의 부모님으로부터 편지를 받았습니다. 훈련을 겨우 13주밖에 받지 않은 병사의 어머니는 자기 아들이 이 전투 지역에 배속되어 곧 전투에 투입될 것이라고 말했습니다.

아이크가 시간을 내어 한 신병의 어머니가 쓴 편지를 읽은 것은 놀라운 일이 아닐 수 없다. 그러나 더 중요한 것은 그가 읽는 데 그치지 않고 그것을 실천했다는 사실이다. 아이크는 자신의 아들을 걱정하는 부모가 쓴 편지를 폐기하지 않고 병사들을 지휘하는 데 이용했다. 그는 '병사를 위한 기도'라는 다음과 같은 글을 썼다.

전능하신 하나님,

저희 가운데 돌아오지 못하는 병사가 있을 지도 모르는 과업에 헌신하려 합니다. 저희가 기꺼이 이 위험한 모험에 가려는 것은 당신의 아드님이 이 세상에 가르쳐주셨고 사랑하는 우리 조국에서 존중받고 있는 인간의 존엄성, 인권 그리고 정의의 개념이 이 지구에서 절멸될 위기에 처해 있음을 믿기 때문입니다.

저희는 사랑하는 조국과 하나님을 위해 희생할 각오가 되어 있습니다. 저희는 개인적인 입장에서 안전하게 돌아오게 해달라는 기도를 하는 것이 아닙니다. 하나님 당신께서 저희 각자가 자기의 임무를 완수할 수 있도록 도와주시기를 진심으로 기도합니다.

우리 중 그 누구도 전투 중 전우를 저버리지 않게 하소서. 무엇보다도 저희가 적에 대한 공포를 이기고, 훌륭한 군인의 겸허한 자부심과 당신의 무궁한 자비를 확신하고 당신께 갈 수 있도록, 정의와 대의의 옳음을 확신할 수 있도록 저희를 지탱하게 해주옵소서.

아멘.

아이젠하워의 리더십

▶ 아이젠하워 장군(왼쪽)이 영국 육군원수로 부사령관을 맡고 있는 버나드 몽고메리(오른쪽)와 노르망디 상륙작전에 대해 상의하고 있다. 아이젠하워 장군은 유럽 침공이라는 힘든 과업을 수행했다.

소통을 통해 아랫사람의 능력을 이끌어낸다

제2차 세계대전 동안 그와 함께했던 한 장교는 다음과 같이 말했다. "저는 아이젠하워 장군이 전쟁 내내 어느 순간도 독단적으로 결정을 내린 적이 없음을 알고 있습니다. 제가 아는 한 그는 언제나 참모나 부하 지휘관들과 함께 연구했고 그 연구를 통해서 자신에게 닥친 문제를 고민하고 해결했습니다. 저는 이런 일이 아이젠하워 장군의 나약함이나 자신감의 결여를 의미한다고 생각해 본 적이 없었고, 그렇게 생각하는 이를 본 적도 없습니다. 오히려 그것은 결정을 내리기 전에 얻을 수 있는 최상의 정보와 조언을 받으려는 그의 강렬한 욕망에서 기인한 현상이었던 것이죠."

Dwight David Eisenhower

최고의 영웅, 대통령이 되다

리더는 앞에서 끌면서 솔선수범을 해야 한다.
짐승은 뒤에서 몰아도 되지만 사람은 앞에서 인도해야 한다.
- 드와이트 D. 아이젠하워 -

5장

Dwight David Eisenhower

개선장군

    1945년 6월 12일, 아이크는 런던에 도착했다. 그는 런던 시민들로부터 지금까지 그 누구도 받은 일이 없을 정도의 환영을 받았다. 영국인이 아닌 외국인으로서 그토록 런던 시민들의 환영을 받은 사람은 아마 이전까지 한 사람도 없었을 것이다. 그는 국적을 초월한 영웅이었고 개선장군이었다. 그가 오픈카를 타고 가두를 행진하자 몇백만 명의 시민들이 열렬한 환호성을 질렀다. 그는 환영식장에서 런던 시가 수여하는 특별시민권을 받고 감격한 음성으로 이렇게 연설했다.

    "여러분의 열렬한 환영이 너무나 감사합니다. 하지만 누구라도 부하의 피와 전우의 희생에 의해서 얻어진 칭찬을 받는 데 겸허하지 않으면 안 됩니다. 물론 이런 겸허한 마음을 가졌다고 해서 런던 시의 명예시민이 된 나의 대단한 자랑을 부정할 수는 없습니다. 나는 이 나라 태생이 아니라 미국에서 온 사람입니다. 우리는 흔히 가족의 관계가 멀고 가까운 것을 나눌 때 표면적인 면밖에 보지 않습니다. 그러나 나라의 혈족관계라는 것은 그 크기나 비슷한 전통에 의해서 정해지는 것이 아닙니다. 오히려 우리는 내면적인 것, 무엇이라고 이름 붙여도 좋습니다만 자유로운 인간이 가지고 있는 진정한 보배인, 손으로 만져서 알 수 없는 것으로 눈을 돌려야 한다고 생각합니다. 숭배의 자유, 법 앞에서의 평등, 마음대로 발언하고 행동하는 자유를 누리는 데에는 타인의 권리를 침범하지 않을 때 비로소 가능한 것입니다. 다른 도시에서 침범해 온다면 런던의 사람들은 싸울 것입니다. 아빌렌의 시민들도 역시 싸울 것입니다. 두 국민이 같은 정신적 가치와 서로 소중히 하고 있는 권리를 지키기 위해서 전쟁이라는 비극에 맞서나갈 때 비로소 두 국민은 좀 더 깊은 의미에서 친척이 된다고 확신합니다. 내가 불멸한 미국 정신을 공개해서 말하는 것은 매우 자랑스러운 기분으로 런던의 시민들과 친척관계에 있다는 것을 단언할 수 있기 때문입니다."

런던의 어느 신문은 링컨의 게티즈버그 연설과 아이크의 연설을 나란히 싣기도 했다.

1945년 6월 18일, 아이크는 미국으로 돌아와 최고의 영웅으로 대접받았다. 그가 탑승한 대형 수송기의 차바퀴가 고국의 땅에 닿기 훨씬 전부터 개선축하행진이 펼쳐지기 시작했다. 그날 아침 대서양 연안 상공에서는 30기 이상 되는 전투기와 폭격기가 편대를 짜고 워싱턴에서 포토맥강을 넘어 국제 비행장까지 그의 탑승기를 호위했다.

오전 11시 11분이 되자 탑승기가 활주로를 미끄러져 내려왔다. 아이크의 아내 마미와 마셜 장군이 비행기 트랩을 내려오는 그를 마중 나갔다. 마미에게는 기쁨이 두 배로 주어졌다. 최고사령관 아이크의 뒤에 키가 훌쩍 큰 아들 존 아이젠하워 중위의 모습이 보였기 때문이었다. 존은 연합군이 독일을 석권하는 동안 계속 브래들리 장군의 부관으로서 전투에 임했다. 수많은 카메라맨이 셔터를 눌러댔고 공항에 마중 나온 수만 명의 인파가 절규하듯 아이크를 연호했다.

"아이크! 아이크! 아이크!"

우렁찬 환호가 하늘을 찔렀다. 자동차를 타고 행진하는 양쪽의 길가는 모두 얼굴, 얼굴, 얼굴의 바다였다. 환호 소리에 그는 자기 밑에서 함께 싸워온 3백만의 미국 장병들을 대표해서 얼굴 가득 온정미가 넘치는 웃음을 띠고 크게 손을 흔들고 있었다.

12시 25분에 국회 의사당에 도착한 그는 상하 양원 합동회의에 모습을 드러내어 의원들의 우렁찬 환호에 이렇게 말했다.

"제1선과 후방에서 다 같이 우리는 승리를 얻었습니다. 그러나 승리의 깃발을 내걸어도 이 승리 뒤에 있는 수많은 희생을 덮어 숨길 수는 없습니다. 사령관으로서 가장 괴로운 일은 부하들 가운데서 여러 명이 필요한 임무를 수행하기 위해서 죽거나 부상당하는 사람이 틀림없이 나온다는 사실을 알면서도 부하를 전투에 투입시킬 수밖에 없는 일이었습니다. 저는 여기에서 희생당하고 부상을 입은 젊은 이름들에 대해서나 또 뒤에 남겨진 부모들, 그 아내들이나 친구들에게 진심어린 조의를 표하고 싶습니다. 그들을 비탄의 수렁에서 구해 낼 수 있는 유일한 길은 두 번 다시 그러한 전쟁을 일으키지 않는 것입니다. 군인으로서 생각해 보면 평화라는 문제는 3년 이상 전에 점잖은 의원들이 해결하지 않으면 안 되었던 문제 못지않게 곤란한 것이지요. 이제야 그 평화는 전장에 관련된 한 결과는 성공을 거두었습니다. 전쟁의 경우에는 각자 격파당하는 것을 두려워해서 굳게 단결하려는 경향이 생깁니다. 이제 평화로 하여금 같은 단결을 만들어내고자 합니다. 평화만이 해결할 수 있는 것이며 또 무슨 일이 있어도 그렇게 하지 않으면 안 된다고 마음으로부터 열렬히 믿고 있습니다."

다음 날 아침 아이크는 비행기로 뉴욕에 도착했다. 50킬로미터에 이르는 뉴욕의 거리마다 수백만의 인파가 환호성을 지르며 그를 맞았다. 맨해튼 광장에서 래거디어 시장은 시민을 대표해서 그에게 금메달을 수여하고, 명예시민권을 주었다. 그 자리에서 아이젠하워는 이렇게 연설했다.

"뉴욕 시민으로서 첫째 나는 시장님에게 작은 충고를 드리고 싶습니다. 뉴욕 시는 이 캔자스 태생의 촌놈에게 이만한 일을 해주어 명성을 잃어서는 안 된다는 것입니다. 오늘 아침 여기까지 오는 도중에 시장님은 사십오만의 어린 학생들이 도열하고 있다고 말해 주었고, 나는 그 어린이들을 조심스럽게 보았습니다. 평균 십이 세쯤일 거라고 생각됩니다만 과연 이들 어린이의 부모나 친척들은 이제부터 십 년 뒤에 전장의 공포에 드러내지지 않도록 최선을 다하는 것을 보고 만족할 수 있을까요? 전쟁은 이제 막 끝났을 뿐입니다."

Dwight David Eisenhower

화려한 귀향

6월 21일, 점심 무렵 아이크가 탄 비행기는 캔자스 비행장에 착륙했다. 아들인 존과 유럽 대전에 참전한 서부 출신의 귀환 장병 42명도 함께였다. 기차로 달려온 마미와 83세가 되는 어머니 그리고 형제들인 아서, 에드가, 알, 밀튼 외에 수십만의 사람들이 배티기념관 광장까지 연도에서 환호성을 지르며 늘어서 있었다. 여기에 있는 커다란 기념주 밑에서 그는 이렇게 말했다.

"이 나라의 이 지방은 고립주의의 본산이라고 전해져 왔습니다. 그러나 나는 그렇게 생각지 않습니다. 뜻 있는 사람이라면 고립주의자가 될 수 없습니다. 환경의 힘은 우리 중서부인에게 세계 문제에서 더욱 중요한 역할을 수행시키려 하고 있습니다."

그날 저녁 아이크 일행은 유니온 퍼시러 철도의 특별열차로 그리운 고향 아빌렌으로 향했다. 그는 로렌스, 토페카, 맨해튼 등의 역을 지나면서 군중의 환호에 응답하는 것도 잊고 그립던 고향의 풍물을 물끄러미 쳐다보고 있었다. 그만큼 그리운 고향이었다.

기차가 아빌렌에 닿았을 때는 벌써 어두워져 있었다. 제일 나중에 기차에서 국민적 영웅이 내리자 벌써 몇 시간 동안이나 기다리다 지친 인파는 눈사태가 난 것처럼 밀려들었다. 아빌렌의 인구는 겨우 5천 명 정도였으나 아이크를 보기 위해 2만 명 이상 되는 인파가 몰려들었던 것이다.

군중에게 떠밀리고 북새통에 혼이 난 아이젠하워는 얼굴이 창백해질 지경이었다. 그러나 고향의 상징인 행운의 열쇠를 선물 받았을 때에는 유쾌한 듯이 활짝 웃고 있었다. 아이젠하워 일행을 위해 아빌렌에서 제일 큰 호텔의 어느 층 전부를 비워놓은 것이다. 친척 일동은 75명이라는, 여태까지 없던 모임으로 대성황을 이루었다. 고향에 돌아와 마음으로부터 사랑하는 집안사람들에 둘러싸이자 아이크는 겨우 편안한 기분을 맛볼 수 있었다.

거리는 장식 깃발로 화려하게 물들고 3킬로미터에 이르는 행진이 이어졌다. 길가에는 군중들이 8열로 줄지어 늘어서 있었다. 그들은 몇 주일 전부터 이번 행진에 대비해서 많은 행사용 꽃수레를 만들어 놓고 있었다. 꽃수레 가운데는 아빌렌 시의 역사라든가, 아이젠하워 가문이나 아이크의 출생 장면 같은 것을 그림으로 그려놓은 것도 있었다. 특히 아이크를 기쁘게 한 것은 지난날 그도 일원이었던 아빌렌 고등학교의 축구팀 10명이 타고 있는 꽃수레였다.

아이크는 유럽 전장에서 싸웠고 장군의 특별열차로 함께 돌아온 아빌렌의 농부 월터 샙 중사를 옆자리에 태웠다. 그 자리는 원래 어머니 아이다의 자리였는데 어머니가 너무 지쳐 축하행사에 참석할 수 없었기 때문에 그가 대신 앉게 되었다. 아이크는 행진 중에 계속 손을 흔들며 옛 친구들과 아는 사람들을 향해 큰소리로 이름을 부르며 인사했다. 그는 새롭게 아이젠하워 공원으로 이름 붙여진 시의 공원 연단에 서서 메모도 없이 연설을 했다. 수많은 군중 앞에서 아이크는 북받쳐 오르는 감동을 억누르면서 이렇게 말했다.

"온 세계의 여기저기 먼 데를 돌아다니고 있었던 것이 나로서는 다행스럽기도 했으며 불행하기도 했다고 생각합니다. 그러나 나의 마음과 기억에서 고향은 한 순간도 사라진 적이 없었습니다. 이 고향에는 나의 제일 오래된 친한 친구들이 있습니다. 나와 내 자식이 인생의 출발을 시작했을 때 손을 잡고 도와준 분이 있습니다. 나의 어머니와 돌아가신 아버지의 친구 분들이 계십니다. 어머니와 아버지는 아이젠하워 가에서 정말로 훌륭한 분이었습니다. 부모님은 여섯 명의 사내아이를 낳으시고, 직업을 가졌을 때 모두 존경받는 지위에 오를 수 있도록 교육시켰습니다. 형제도, 나도, 우리 가족들 모두 아빌렌의 일반 가정과 마찬가지로 아버지와 어머니의 깨끗함과 노력과 근로에서 태어난 것입니다. 그리고 나와 내 아내 그리고 형제들과 가족 전체를 대신해서 생각지도 않았던 성대한 환영을 해주신 것에 대해서 고향인 아빌렌의 모든 사람들에게 깊은 감사를 드리는 바입니다."

그 목소리는 감동으로 떨렸다가 다시 이렇게 이어졌다.

"저희들은 감격한 나머지 가슴이 메어질 것 같습니다. 여러분들에게 하나님의 사랑과 축복이 내려지기를 진심으로 기도드립니다."

우레와 같은 박수와 떠나갈 듯한 환성이 하늘에 울려 퍼지더니, 그를 에워싼 긴 물결이 시가를 넘어 풍요롭게 익은 밀밭으로 퍼져나갔다. 아이크는 감동으로 어깨가 움찔거리는 것을 애써 참고 있었다. 가슴에도 감동의 파도가 밀려오고 있었다. 그러나 그는 의연하게 웃음을 짓거나 손을 흔들면서 군중의 환호에 응했다.

Dwight David Eisenhower

아이젠하워를 백악관으로!

그때 군중들 사이에서 어떤 외침이 울려 퍼졌다.

"아이젠하워를 대통령으로!"

"아이젠하워를 백악관으로!"

이런 소리는 전쟁이 끝나기 전부터 익히 들어왔다. 그에 따라 아이크의 앞날을 둘러싸고 근거 없는 정치적 추측이 난무했다. 그러나 고향에서, 이런 개선의 자리에서 그 소리가 높이 들리자 그는 의연하게 외쳤다.

"아빌렌의 형제들이여. 나는 지금 개선장군으로서 만족합니다. 나에게 다른 짐을 지우지 마세요. 나는 이대로 행복합니다."

아이크는 아빌렌에서의 신문기자회견에서 자기에게는 아무런 정치적인 야망이 없다고 딱 잘라 말했다. 더 이상 이상한 소문이 퍼져

나가는 것을 끊어버리기 위해서였지만 허사였다. 이런 말은 명성의 절정에 서서 대통령이 되기를 절실히 원하는 사람이 표면상 흔히 내뱉는 말과 꼭 같았기 때문이다. 그래서 사람들은 그의 말을 신용하지 않았고, 소문도 좀체 사라지지 않았다.

1945년 11월, 육군참모총장에 취임하기 위해 귀국했을 때부터 소문은 걷잡을 수 없이 강해졌다. 그 후 2년 반 동안 일부에서는 그의 인기가 곧 사라질 것이라고 생각하는 사람도 있었으나 그렇기는커녕 바위와 같은 굳은 신뢰로 점점 강하게 그의 인기가 높아져감에 따라 소문도 한층 더 짙어져 가기만 했다. 앞날에 가로놓인 곤란한 시대에 아이젠하워를 미국의 구세주로서 우러러 받들려는 사람들이 몇백 만 명이나 되었다.

'아이젠하워 대통령 만들기'라는 간판을 내건 단체가 전 미국에 걸쳐 우후죽순처럼 생겨났다. 아이크 자신은 정치적인 야심이 없다고 되풀이해서 말해도 아무도 믿지 않았다. 처음에는 짜증이 났지만 나중에는 진절머리가 나서 결국 아이크는 화를 내고 말았다. 마치 사람들이 자신을 본심을 숨기는 거짓말쟁이로 생각하고 있는 것 같아서였다.

게다가 민주, 공화당을 비롯한 유력자나 유능한 인사들은 아이젠하워가 대통령이 되면 미국이 시끄러운 세계에서 긴급하게 필요로 하는 목적과 행동의 일치를 얻을 수 있다고 확신하게 되었다. 이런 논리는 사람들을 이해시키는 힘이 있었다. 아이젠하워로서도 이것을 생각하지 않을 수는 없었지만 심사숙고한 끝에 무익하다는 결정을 내리고 단번에 이를 거절했다.

1948년 1월 23일에 그는 최종적이고 취소할 수 없는 성명이라는 것을 발표했다. 이 성명은 대단한 설득력이 있었으므로 사람들은 그가 이제 입후보하지 않을 것이라고 생각했다. 그 성명은 804어語로 이루어졌는데 일찍이 공화당에서 입후보하도록 요청하고 있던 뉴햄프셔 주의 신문 「맨체스터」지의 발행인인 레오너드 V. 파인더 앞으로 보내는 편지 형식을 취한 것이었다.

그는 그 성명에서 전에 발표했던 성명이 오해를 일으켜 결과적으로 불성실하다는 여론이 일어났으며 과거 수개월 동안을 괴로워하며 보냈다는 것을 피력했다. 그리고 이번 성명이 오해받지 않도록 하려면 아무래도 국가에 대한 의무감보다는 개인적민 욕심을 차리는 것 같은 느낌이 들어서 어려움이 많았다고 호소했다. 그래서 그는 1948년의 혼돈한 미국에 있으면서 무슨 일이 있어도 꼭 말해 둘 필요가 있는 것을 말하기로 했다.

"내가 확신하는 바로는 군이 문관에 종속한다는 것은 반드시 필요한 일이며, 이것이야말로 가장 잘 유지시켜야 하는 것입니다. 또 종신의 직업군인이 어떠한 명확하고 절대적인 이유가 없는 한 높은 정치적 지위를 추구하는 것을 사양할 때, 이런 종속이 잘 유지된다는 사실에 국민은 좀 더 강한 확신을 가져야 할 것입니다. 정치는 하나의 직업입니다. 가볍게 다룰 수 없는 매우 복잡하고 숭고한 직업입니다. 미국에 지도자적인 능력과 완전함을 몸에 지닌 인사가 적다고는 결코 생각지 않습니다. 반면에 국내외 정세에 대해서는 전혀 모르고, 성년이 되고부터 군대에서만 생활해 온 사람은 세계에서 제일 중요한 자리에 앉을 자격이 없습니다. 적어도 나의 경우에는 적용되는 말입니다."

이리하여 미국 역사상 처음으로 단지 승낙하기만 하면 대통령이 될 수 있는 명예를 버린 인물이 나타났다. 그의 성명이 발표된 그날, 미국 여론조사기관의 조사에 의하면 삼파전이 될 대통령 선거에서 아이젠하워가 단연 다른 후보를 누르고(민주당으로 입후보한 트루먼보다도) 가장 인기 있는 후보였다. 이 예상 투표는 아이젠하워의 지지가 47퍼센트, 트루먼이 40퍼센트, 월레스가 6퍼센트를 나타내고 있었다.

Dwight David Eisenhower

유럽의 십자군, 최고의 영웅

전쟁이 막바지에 이르렀을 때, 아이크의 인기가 하늘을 찌르자 재선을 염두에 두고 있던 미국 대통령 해리 트루먼은 아이크의 의중이 내심 궁금했다. 그는 1948년 대선에 아이크가 출마하면 자신이 도와주겠다는 말로 그를 떠봤다. 이에 대한 아이크의 대답은 간단명료했다.

"각하, 다음 대선에 누가 우리의 상대가 될지는 모르겠습니다. 하지만 저는 아닐 겁니다."

공화, 민주 양 진영에서는 이 위대한 개선장군의 출마를 위해 갖가지 수단을 동원했지만 아이크는 꿈쩍도 하지 않았고, 결국 트루먼이 1948년 재선에 성공하게 되었다. 아이크가 약속을 지킨 것이다.

1948년 5월, 아이크는 미국에서 가장 인기 있고 존경받는 군인으로 현역에서 은퇴하여 컬럼비아대학교의 총장이 되었다. 그리고 그 해 가을 자신의 회고록 『유럽의 십자군』을 출간했다. 그 책은 곧바로 베스트셀러가 되었고 그를 부자로 만들어주었다. 그는 독특하고 겸허한 태도로 컬럼비아대학교 총장 업무에만 전력을 집중하고 있었다. 그 자신이 교수는 아니었으며 학문상의 공적도 없었으나 그래도 대학이 맡은 바 일을 해나가게 하기 위해서 자기가 도움이 될 것이라고 믿었다.

그는 능률적인 대학 행정기구를 확립하고 끊임없이 여론을 존중하면서 대학교 직원이 훌륭한 일을 해나갈 수 있도록 최선의 조치를 취했다. 또 대학이 필요로 하는 자금 모으기에 조력하고, 자기의 위신을 이용해 교수 전체의 봉급을 인상했다. 자유로운 사회의 장래는 시민의 훌륭한 교육 여하에 달렸다고 확신했기 때문이다.

그러던 중 1950년 12월 18일, 대통령 트루먼은 소련에 대한 서유럽 방위의 강화를 목적으로 하는 북대서양 동맹NATO이 신설되자 아이크에게 최고사령관을 맡아줄 것을 요청했다. 이에 따라 그는 1951년 1월에 북대서양군 사령관으로 취임하여 다시 유럽으로 떠났다. 이후 15개월 동안 미국 대통령 공화당 후보로 선거운동을 하면서 아이크는 군지도자와 경영자로서 미국과 서부유럽의 여러 나라들로 구성된 능률적인 연합 군사조직을 만들어내 연합군을 승리로 이끈 그 기술을 사용했다. 아이크가 최고사령관 자리에 앉은 이후 NATO는 오랜 냉전기간 동안 소비에트의 공격에 대한 방어와 억제의 역할을 했다. 서유럽 12개국의 군대를 통솔하고 공동방위 체제를 구축한다는 곤란한 일에 커다란 성공을 거두자, 그의 국제적인 명성은 한층 더 높아졌다.

Dwight David Eisenhower

나는 아이크를 사랑해!

1952년, 또 다시 미국의 대통령 선거가 가까워짐에 따라 국민들에게 압도적인 인기가 있는 아이크를 대통령 후보로 끌어내려는 운동은 더욱 활발해졌다. 그의 명성과 인기 때문에 그는 민주당과 공화당 양쪽으로부터 입후보 제의를 받았다. 1952년 1월에 트루먼 대통령이 출마하지 않겠다고 선언했고, 아이크는 만약에 공화당 전당대회에서 지명된다면 출마하겠다고 밝혔다.

아이크가 대통령 출마를 결심하게 된 데는 국민적 요청도 크게 작용했겠지만 한때는 상관으로 모셨으며 군인으로서 평생의 경쟁자였던 맥아더와의 관계 때문이기도 했을 것이다. 1947년, 여론에서 아이크를 대통령 후보로 추대하려는 움직임이 나타나자 아이크를 시기하는 맥아더 주변의 사람들이 그를 '타협자'라고 혹평했다. 그 말을 가까운 친척에게서 듣게 된 아이크는 격분하지 않을 수 없었다. 얼마나 분노했는지 그의 성격답지 않게 주먹으로 책상을 내리치며 소리쳤다.

"내가 타협자라고? 내가 오마하 해안에서 타협을 했는가, 독일인들에게 물어 봐!"

어쨌거나 출마를 결심한 아이크는 자신의 의지를 과단성 있게 행동에 옮김으로써 국민들의 지지를 이끌어낼 수 있었다. 백악관은 아이크가 6월 1일자로 북대서양군 최고사령관에서 사임하는 것을 승인하고 같은 날 그는 워싱턴으로 귀환했다. 7월에 진행된 공화당 전국대회에서 아이크는 강적인 태프트 상원의원을 압도적으로 누르고 대통령이 되기 위한 도전에 나섰다.

제34대 미국 대통령 선거전 때 내세운 캐치프레이즈는 "나는 아이크를 사랑해 I like Ike"였다. 이 문구는 광고학적 모델의 전범이 되었고 그는 '아이크'라는 애칭으로 국민들에게 더 잘 알려졌다.

아이크는 지칠 줄 모르는 유세전을 펼쳤고, 온화하고 성실한 태도로 미국 국민에게 깊은 인상을 심어주었다. 정직하고 경제적인 정부를 공약으로 내세웠고 한국전쟁의 종식 가능성을 알아보기 위해 한국을 방문하겠다고 약속했다.

그는 대통령 선거전에서 "아시아인의 전쟁은 아시아인이 담당하도록 한다"는 취지하에 한국군을 10개 사단에서 20개 사단으로 증강하고, 미군을 한국으로부터 철수하겠다고 공약했다. 이런 그의 발언은 한국에서 휴전을 기대하던 미국 유권자들에게 많은 호감을 주었다. 닉슨을 포함한 많은 공화당 인사들은 트루먼 행정부 내에 친 공산주의적인 불순분자들이 있다고 비난하고 이들의 파괴적인 행위를 엄중히 금지하는 조치를 취해야 한다고 주장했다.

아이젠하워는 11월의 선거에서 민주당의 안드레 스티븐슨 후보를 물리치고 영광의 자리를 차지했다. 아이크-닉슨팀은 39개 주를 석권하고, 442대 89의 선거인단 투표득표와 3,300만 표 이상의 직접득표를 얻음으로써 힘들지 않게 승리했다.

Dwight David Eisenhower

34대 미국 대통령, 아이크

1953년 1월 20일, 아이크는 미국 34대 대통령 취임식을 앞두고 빌리 그레이엄 목사를 초청했다.

"목사님, 취임연설 때 성경 구절을 한두 곳 인용하고 싶습니다."

그레이엄 목사는 몇 군데 성경 구절을 제시했고 아이크는 역대하 7장 14절을 골랐다.

내 이름으로 일컫는 내 백성이 그 악한 길에서 떠나 스스로 겸비하고 기도하여 내 얼굴을 구하면 내가 하늘에서 듣고 그 죄를 사하고 그 땅을 고칠지라.

원래 이 말씀은 하나님께서 솔로몬 왕에게 주신 말씀으로, 아이크는 이 성경구절 위에 자기 손을 얹고 선서를 하기로 했다. 그런데 그는 취임 연설 직전, 그동안의 관례를 깨고 자신이 직접 작성한 기도를 했다.

"친애하는 동료들이여. 취임식에서 취임사를 갖기 전에 부디 본인이 준비한 개인적인 기도를 올릴 수 있는 특혜를 허락해 주시기를 부탁드립니다. 그럼 다 같이 머리 숙여 기도합시다. 전능하신 하나님! 이 순간 우리가 이 자리에 모여 새로운 정부를 발족시키면서 새로 임명된 보좌관들과 함께 기도드립니다. 하나님이시여. 여기 모인 모든 이들과 우리 국민 모두에게 당신을 섬기려는 우리의 헌신의 다짐을 충만하고 완전하게 하여 주시옵소서. 옳고 그름을 분별할 수 있는 힘을 주시옵고, 말과 행동이 하나 되는 도덕적 힘을 주시어 이 땅이 헌법에 의해 통치되는 나라가 되게 하옵소서. 또한 특별히 바라옵건대 우리의 관심이 신분이나 인종 또는 직업을 넘어 모두에게 두루 미치도록 하옵소서. 서로 협력하여 헌법 안에서 다른 정치적 관점을 가진 이들이 바라는 것들이 상호간에 소통이 되어 우리 사랑스런 조국과 아버지의 영광을 위해 모두 힘쓰게 하옵소서. 아멘."

아이크의 이런 기도를 통해서 새로운 정부를 구성하게 된 각료를 비롯한 참모진들은 보다 경건한 마음을 갖게 되었음은 물론이다. 아이크가 직접 기도문을 작성하고 읽은 사실은 사람들을 깜작 놀라게 했다. 성직자에게 공식 기도를 맡기는 것은 관례화되어 있는 일이었는데 대통령이 직접 기도를 드린 일은 전무했던 탓이었다.

아이크는 대통령 취임사에서 이런 말을 남겼다.

"개인적으로나 국가적으로나 우리는 우리에게 요구되는 어떠한 희생이든 감수해야 합니다. 특권을 원리 원칙보다 더 중히 여기는 사람은 오래지 않아서 그 양쪽을 다 잃게 됩니다. 우리는 나라를 위해 모든 것을 두려워하지 말고 감행할 수 있어야 합니다. 역사는 절대로 약하고 겁 많은 자에게 오랫동안 자유를 맡겨 놓지 않기 때문입니다."

그가 취임사에서 이런 말을 한 것은 당시 미국이 승전국으로서 승리의 전리품을 지나치게 독식하려는 경향에 대한 우려를 표명한 것이었다. 그래서인지 아이크는 전임 민주당 대통령들과는 달리 연방정부의 강력한 행정권 발동을 주장하지 않았다. 군 경력과 행정에 대한 제한된 지식 때문에 그는 비서관과 내각의 각료들에게 권한을 대폭 위임하고, 행정부처의 구체적인 실무에는 적극적으로 관여하지 않았다. 전 뉴햄프셔 주지사였던 비서실장 셔먼 애덤스는 아이크 행정부 내에서 영향력 있는 인물이었다. 애덤스는 아이크 대통령에 대해 이렇게 썼다.

"대통령은 나에게 긴급한 업무는 골자만 잘 요약해서 보고하고 그다지 중요하지 않은 문제들은 가능한 한 보고하지 말라고 지시했습니다."

아이크의 첫 집권기간 동안 공화당의 우파들은 민주당 집권 때보다 더 빈번히 대통령과 마찰을 일으켰다. 이에 당의 결속을 유지하기 위한 하나의 방편으로 행정부 내의 공산주의적 영향력을 매도하는 조지프 R. 매카시 의원을 공개적으로 비난하는 것을 피했다. 수백 명에 달하는 연방정부 공무원들이 매카시의 충성·보안계획loyalty-security program 때문에 해고되었고, 매카시의 찬성 아래 미 의회에서 공산당을 불법화하는 법안을 통과시켰다. 아이크는 사석에서 이런 매카시 의원을 싫어한다고 얘기했지만 때로는 매카시 지지파들의 맹공을 성원하는 듯 보였다. 그러나 1954년 봄, 5주에 걸쳐 군인사 및 공무원에 대한 매카시의 친공親共인사 매도에 대한 청문회가 전국적으로 텔레비전 중계된 뒤 반공反共 열풍이 식어가듯 매카시의 인기도 퇴조했다.

그는 공화당 대통령으로서 맥아더 장군의 인천상륙작전 성공 후 다시 교착상태에 빠진 한국전을 휴전으로 마무리 짓기도 했다. 선거전에서 국민들에게 한 약속을 지켰고 일생 동안 두 개의 큰 전쟁을 자기 주도로 지휘하고 끝낸 셈이다.

Dwight David Eisenhower

한국방문 약속을 지키다

아이크는 한국과도 인연이 깊은 대통령이었다. 압도적 다수로 당선된 제34대 미국 대통령 아이크가 제일 처음 풀어야 할 숙제는 많은 사상자를 내면서 질질 끌어온 한국전쟁의 종결이었다. 이것은 그의 선거공약이기도 했다.

1952년 11월 29일, 아이크 대통령 당선자는 극비리에 뉴욕을 출발해 한국으로 향했다. '명예로운' 휴전타결을 위한 한국전선 현장 시찰여행이었다. 여기에는 찰스 윌슨 등 예비 국방장관과 제임스 해거티 공보비서, 허버트 브라우넬 법무장관 지명자들과 비밀선서를 한 기자들 일행만이 동행했다. 그리고 이오지마에서 합류한 래드포드 태평양함대사령관 등이 수행했다.

당시 한국에는 아이크의 아들인 존 아이젠하워 중령이 미3사단에서 대대장으로 근무하고 있었다. 이후 아이크가 대통령에 당선된 후 밴 플리트 장군은 존의 안전을 고려해 그의 보직을 정보참모로 바꿔주었다.

아이크는 2박 3일간의 방한 동안 한국전황과 한국군 증강문제에 대한 보고를 받고 수도사단 등을 시찰하며 장병들을 격려했다. 또 이승만 대통령을 경무대로 예방하고 환담을 나눴으나 한국 문제에 대한 심도 있는 토의는 하지 못했다. 그리고 한국을 방문하는 동안 클라크 유엔군사령관으로부터 39도선으로의 북진계획을 건의받았으나 이를 수용하지 않았다. 아이크가 대통령이 아닌 대통령 당선자라는 표면적인 이유 때문이기도 했지만 이때 그는 이미 전쟁을 휴전으로 종결한다는 복안을 갖고 있었다.

당시 서울은 황폐했다. 새 미국 대통령 당선자를 맞기 위해 수만 명의 환영인파가 중앙청 앞에 모였지만 그는 나타나지 않았다. 그는 미 국민에게 한국에 직접 가서 전쟁을 해결하겠다고 공약했고 그 약속을 지키기 위해 서울에 왔다고 말했다.

그는 북진을 통해 통일을 바라는 이승만 대통령과 전쟁에서의 승리 외에 다른 대안이 없다는 마크 클라크 유엔군사령관 등과는 의견을 달리하며 한국방문을 마쳤다. "아이크는 한국전쟁을 군인의 눈으로 보지 않고 정치인의 눈으로 보았다. 그가 원한 것은 명예로운 휴전이다"라는 클라크 장군의 비판을 수긍하면서도 아이크의 결론은 달랐다.

"나는 자네(클라크 대장은 아이크의 육사 동기다)가 군사적으로 느끼는 기분을 아네. 그러나 나는 미 국민이 전쟁을 중지하라고 나에게 위임한 것을 보다 강하게 느끼네."

그리고 그는 한국을 떠나며 이렇게 말했다.

"나는 한국을 떠나며 결론을 얻었다. 미국은 영원히 고착된 전선에서 맞서 있을 수 없다. 또 어떤 가시적 결과 없이 사상자만을 낼 수는 없다. 조그마한 고지에서 제한된 공격전으로 이 전쟁은 끝나지 않는다."

그는 한국에 머문 72시간 동안 대부분의 시간을 마크 클라크 유엔군사령관과 밴 플리트 8군사령관 등 주요 일선 군 지휘관들과 만나 현황파악을 했다. 이승만 대통령은 아이크가 일주일간 머물면서 국회연설과 대규모 군대사열을 하고 자신과 장시간 한국전 수행에 관해 협의하기를 바랐지만 아이크의 목적은 전쟁이 아니라 휴전이었으므로 이승만 대통령의 소망은 이뤄지지 않았다. 아이크는 사흘간의 한국체류기간 동안 이 대통령과 두 차례 만남을 갖았지만 시간은 고작 한 시간 정도였다. 이 대통령의 생각은 한국군과 유엔군이 압록강까지 올라가 공산주의자들을 몰아내고 한국을 민주국가로 통일하는 것이었다. 따라서 제한전을 하면서 공산 측과 적당한 선에서 휴전으로 전쟁을 끝내려는 아이크의 계획에는 처음부터 절대 반대였다.

이 대통령은 북한 측의 도발로 시작된 한국전이 막대한 피만 흘리고 원래 분단선인 38선과 대차 없는 전선에서 휴전한다는 발상에 비통함을 억제하지 못했다. 그러나 아이크는 1953년 7월 27일 한국전을 휴전으로 끝냄으로써 그의 선거공약을 지켰다.

한국전쟁의 처리에 대해서도 아이크는 맥아더와 생각이 달랐다. 맥아더가 처음부터 끝까지 전쟁의 실전 업적으로 성공한 장군이라면 아이크는 행정력과 기획력, 참모역할로 성장한 군인이다. 그는 유엔군 지휘관들과 회합에서 "전쟁의 확산 없이는 절대로 승리가 없다"고 강조하고 "우리는 모두 같은 목적으로 이곳에 모였다"면서 우방의 결속을 거듭 다짐했다. 이때까지 한국전쟁은 포로 문제로 정전협상이 난항을 거듭하고 있었고, 전투는 소규모 고지쟁탈전으로 일관하고 있었다.

아이크는 대통령에 취임한 후 정전협상에 응하지 않고 중공을 압박하는 조치를 취했다. 중공은 지금까지 중국 본토에 대한 장개석 대만정부의 군사적 위협에 별 부담을 갖지 않고 한국전선에만 모든 군사력을 집중할 수 있었다. 그러나 미국의 대만 중립정책 포기성명으로 중공은 군사적·심리적으로 커다란 부담을 안게 됐고 미국의 이러한 방침은 공산진영 전략에 큰 영향을 미쳤다.

이때 정전협상에 전환점이 될 사건이 발생했다. 1953년 3월 5일 한국전쟁의 설계자이자 지원자였던 스탈린이 뇌출혈로 사망한 것이다. 그의 사망은 곧 전쟁의 종식을 의미했다. 스탈린 사망 이후 정전회담은 급물살을 타고 진행됐다. 이러한 토대 위에서 휴전을 고려해 아이크 행정부가 수립한 정책은 다음과 같다.

첫째 한국군의 강화를 계속한다.

둘째 한국의 안보와 관련해 현재 필리핀·오스트레일리아·뉴질랜드와 맺고 있는 조약과 유사한 조약을 한국에 보장한다.

셋째 유엔기구를 통해 한국 정부의 민주적 제도를 발전시키며, 한국의 경제적 복구와 재건을 위해 원조를 계속한다.

넷째 통일, 독립, 민주적인 한국정부 수립을 위해 유엔대표단을 설치한다.

다섯째 정치회담에서는 한국문제만을 논의한다.

여섯째 위기상황에 맞춰 정치회담에서 미국의 지위를 강화한다.

이처럼 미국의 대한정책은 한반도에 미군을 유지하고 한국 방위를 위해 한국군 증강을 약속함으로써 기존의 미군 철수를 전제로 했던 한국군 증강정책에 수정을 가했다. 아이크는 대통령에 재선을 한 1960년 다시 한국을 방문했다. 그의 두 번째 한국방문은 미국의 대통령 신분으로는 최초였다. 1960년 6월 19일 아이크는 4·19의 민주혁명 성공을 구가하는 서울에 대통령으로서 왔다. 그때의 광경을 당시 발간된 어느 잡지는 이렇게 전하고 있다.

미국의 제34대 대통령인 아이젠하워가 오픈카를 타고 서울역에서 남대문을 따라 거리행진을 했다. 두 손을 흔들며 시민들의 환영에 답례하는 아이크 자신이 길을 비켜달라고 손짓할 만큼 사람의 물결이 큰 길까지 뒤덮었다. 시민들은 고층건물의 창구마다 '개미떼처럼 몰려

서서 깃발을 흔들며 환성을 올렸다. 일행이 남대문에 이르렀을 때 그들의 앞을 여지없이 메워버린 인파 때문에 도저히 뚫고 나갈 수 없게 되었다 … 일본에서는 아이크가 수십만 명의 시위대 때문에 방문을 취소해야만 했다 … 해거티 공보비서는 "아이크가 방문한 나라는 많으나 서울에서와 같이 이렇게 많은 사람이 환영한 것은 처음 있는 일이다"라고 말하면서 감사를 표했다.

아이크는 당시 한국을 방문했을 때의 느낌을 그의 회고록 『백악관 시절』에 이렇게 적고 있다.

이 나라의 정치적 안정을 바라고 있는 나는 조찬을 같이한 많은 한국인들 앞에서 쿠데타(학생 봉기를 뜻함)가 정권을 교체하는 최선의 방법이 아니라고 역설했다. 그 조찬회에는 4월에 서울에서 이 대통령을 추방하는 데모를 지도한 학생도 두세 명 참석하고 있었다. 그들은 소기의 목적을 달성한 것을 상당히 자랑스럽게 생각하고 있었으므로 나의 온화한 사고방식에 납득이 가지 않았던 모양이다.

Dwight David Eisenhower

한국과의 특별한 인연

미국으로 돌아간 아이젠하워는 즉시 자신의 국무장관으로 임명될 덜레스와 한국전쟁을 종식시킬 수 있는 묘안을 갖고 있다고 공언한 맥아더를 불러 회담을 가졌다. 기자회견을 자청한 트루먼은 아이크의 한국방문이 선동적인 행동이며 맥아더라고 해도 전쟁은 종식시킬 수는 없을 것이라고 말하면서 그들을 비난했다. 한국전 휴전 성립의 분위기가 무르익자 본격적인 한국 복구사업에 대한 계획이 요청되었다. 그러자 아이크는 한국의 산업경제 실태를 파악하고 복구에 필요한 원조액을 산출하기 위해 1953년 4월 헨리 타스카를 한국에 특사로 파견했다.

타스카는 떠나기에 앞서 한국의 경제력을 강화하는 전제조건으로 경제도덕의 확립을 언급했다. 그는 두 달에 걸친 조사를 마치고 같은

해 6월 15일에 아이젠하워에게 다음과 같은 타스카 보고서를 제출했다.

첫째 미국은 한국에 대해 상당량의 원조가 필요한 4~5년에 걸쳐 새로운 방위지원과 구호재건계획을 세워야 한다.
둘째 새로운 계획은 유엔 한국재건단UNKRA의 재건계획이나 구급적 성격을 띤 한국민간구호계획과 대치돼서는 안 되며 이와 조정되어야 한다.
셋째 새로운 계획의 자금은 상호안전법MSA이나 이를 계승하는 대외활동본부FOA를 통해 집행되어야 한다.
넷째 증가된 원조량을 중심으로 한 신규계획을 순조롭게 운영하기 위해 한국정부는 예산의 균형, 화폐가치의 안정 등을 목표로 획기적인 개혁을 도모해야 한다.
다섯째 물자원조와 더불어 한국인의 기술을 급속히 발전시켜야 한다.

요컨대 휴전 후의 미국 원조는 유럽부흥단이 전쟁 때문에 이루지 못한 부흥계획을 부활시켜야 한다는 것이었다. 또한 원조에 있어서는 사업 분야별로 우선순위를 책정하고 단계적으로 4법을 진행시킬 것을 도모했다. 이 계획은 구호가 아닌 경제부흥을 목표로 했기 때문에 제1단계 사업은 기본적인 용역시설의 정비와 교통·통신·농업·수산업의 진흥이었다. 이러한 우선순위에 의거하여 타스카는 미국 정부에 대해 1954년에 4억 달러, 이듬해 3억 달러, 1956년 2억

7천만 달러의 원조가 필요하다고 보고했다. 또한 한국정부에 3개년 부흥계획을 작성하도록 권고했다.

다음은 백선엽 예비역 육군대장이 당시 이승만 대통령의 지시를 받고 미국을 방문해 미국으로부터 2억 달러의 원조 약속을 받는 과정을 진술한 기록이다.

다음 날 아침인 1953년 5월 13일 나는 하우스만 중령의 안내로 수행원인 대위를 대동하고 백악관으로 들어갔다. 오전 10시 정각 비서실 직원이 나를 대통령 집무실로 안내해 주었다. 수행원 배석 없는 단독 면담이었다. 미국 대통령 집무실은 생각보다 검소했다. 넓지 않은 방 창가에 큰 책상이 하나 놓였고, 그 앞으로 응접세트가 놓여 있는 평범한 사무실이었다.
"어서 오시오, 제너럴 백! 오랜만입니다. 이승만 대통령도 안녕하십니까?"
아이크 대통령은 나를 반갑게 맞아주었다.
"이승만 대통령께서 아이크 대통령께 안부의 말씀 전하라는 분부가 있었습니다."
수인사가 끝나자 아이크 대통령이 먼저 말문을 열었다.
"우리는 한국전쟁 휴전을 할 것이오. 이승만 대통령과 한국 국민들이 휴전을 반대하고 있다는 것은 알고 있지만 한국전쟁 휴전은 내 선거공약이었습니다. 그리고 참전 동맹국들도 빨리 휴전을 하도록 나에게 압력을 넣고 있습니다."

"각하 그것은 알고 있지만 여기서 휴전을 하게 되면 우리는 영원히 남북통일을 하지 못하게 됩니다. 통일을 염원하는 한국인들의 심정을 헤아려 주시기 바랍니다."

당돌하지만 나는 주저 없이 마음속으로 준비했던 말을 했다.

"그러면 한국은 무얼 어떻게 해주기 바랍니까?"

"대통령 각하, 왜 한국에게 개런티를 해주지 않습니까?"

"개런티라니 그게 무슨 뜻이오?"

"한국은 3년간의 전쟁으로 폐허가 돼 아무것도 남은 게 없습니다. 그러니 한미상호방위조약 같은 것을 고려할 수 있지 않습니까?"

"상호방위조약 말이오? 원칙적으로는 동의합니다. 그러나 유럽 국가들과만 맺고 있는 상호방위조약을 아시아 국가와 맺은 선례가 없는데……."

"우리나라 경제 재건문제에도 관심을 가져주시기 바랍니다."

"한국 경제문제는 지금 위원회를 구성 중이니 걱정 마시오."

아이크 대통령은 그 말끝에 "언제까지 미국에 체류할 것이냐"고 물었다. 그러면서 월터 스미스 국무차관에게 말해 놓을 테니, 상호방위조약 문제의 세부사항은 그와 협의하라고 말했다. 스미스 차관은 제2차 세계대전 당시 아이크 장군의 참모장을 지낸 심복이었다. 그런 사람에게 그 문제를 협의하라니 반은 성사가 된 셈이었다.

나는 이튿날 버크 제독과 함께 스미스 차관을 찾아가 휴전 후의 한국 방위 문제와 한국의 경제건설에 관해 많은 의견을 나누었다. 버크 제독이 내 주장을 거들어 줘 스미스 차관을 설득하는 데 많은 도움이 됐다. 이것이 이듬해 10월 1일 체결된 한미상호방위조약의 출발점이었다.

솔로몬 해전 구축함대사령관 출신인 그는 전후 소련군에서 반납받은 프리게이트함 30척을 일본에 줘 일본 정객들과도 친했다. 원산 상륙 작전 때 기뢰제거 작업이 부진해지자, 요시다 일본 수상에게 편지를 보내 일본인 기뢰제거 기술자들을 불러 작전을 도운 것도 그였다.

어쨌거나 아이크의 노력 덕분에 1953년 7월 27일 한국전쟁은 휴전으로 끝났다. 당시 이승만 대통령은 아이크에게 국군과 미군이 함께 북진통일을 해야 한다고 요구했으나 수많은 사상자를 낸 한국전쟁을 종결시키겠다는 선거공약을 지켜야만 했던 그로서는 어쩔 수 없는 결단이었다. 1953년 11월 18일, 그는 교회평의회에서 이렇게 연설했다.

"나는 지금 내가 이곳에 서 있는 확실한 이유를 느끼고 있습니다. 나는 확고한 종교적 신념이 반영된 정치형태의 한 표현으로 세워진 국가의 수장입니다. 마그나카르타, 미국 독립선언서 그리고 프랑스의 인권선언문은 단지 자신들의 정부가 인간의 평등과 존엄을 인정하기를 바라는 인간적 노력의 한 결과입니다. 하지만 우리의 평등성의 근원인 하나님의 존재를 인정하지 않는다면 그러한 노력들은 전혀 근거 없는 전제에 불과합니다. 우리의 국가체계가 확고한 종교적 신념 위에 자리 잡고 또 세워졌다는 사실이 내가 이곳 교회평의회의 모임에 참석하는 것에 대한 정당성을 부여하는 것이라고 믿습니다."

아이크는 자신의 선거공약을 지킴으로써 미국정부와 자신의 정치적 지도력에 정당성을 부여했다. 그가 선거공약을 지키기 위해 한국에서의 휴전을 주도한 것은 통일을 바라는 우리 국민들에게는 아쉬움이 많이 남지만 그의 연설문은 놀라울 정도로 반전의식으로 수놓아져 있었다. 그는 제2차 세계대전이 낳은 최고의 영웅답지 않게 자신의 세대가 두 번이나 전쟁으로 더럽혀졌다는 사실을 거듭 지적하며, 다시 전쟁이 있어서는 안 된다는 점을 강조했다.

참고로 밝히자면 아이크는 정치인이 되고난 후 기회가 있을 때마다 전쟁의 '범죄'와 '낭비' 그리고 그 '야수성'을 지적하곤 했다. 그는 언젠가 이런 말을 했다.

"나는 전투생활을 한 군인으로서 전쟁의 잔인성, 불모성 그리고 우매성을 경험한 사람만이 아는 그런 증오감으로 전쟁을 본다."

평생을 군인으로 보낸 사람답지 않은 말이라고 할지 모르지만, 그것은 전쟁을 그토록 혐오하고 죄악시했던 어머니에게서 받은 정신적

토양 때문이 아니었을까.

휴전 후 아이크는 이승만 대통령을 도와 피폐해진 한국경제를 복구하기 위해 노력했다. 그는 미국의회에 국방 예산 절약분을 이용해 한국에 원조할 수 있도록 우선 2억 달러를 사용케 해달라고 요청했다. 이 요청은 특별법의 형식으로 의회를 통과했으며 결과적으로 북한과 대치상태인 한국경제를 최단기간에 6·25 직전의 수준으로 회복시키는 데 일조했다.

Dwight David Eisenhower

골프광

알다시피 아이크는 만능 스포츠맨이었다. 무릎을 다치기 전까지 웨스트포인트의 촉망받는 에이스였던 그는 40대가 되면서 골프에 본격적인 취미를 붙이기 시작했다. 골프잡지 「골프 다이제스트」에 따르면 미국 역사상 아이크 대통령만큼 골프에 욕심을 낸 대통령은 없었다고 한다. 그는 8년의 재임기간 동안 8백 라운드의 골프를 쳤고 그로 인해 미국에 골프 바람이 크게 일어났다. 스윙 연습을 하거나 골프장에 나가는 등 골프채를 손에 잡은 날이 무려 천일 이상이었다고 한다. 그는 대통령 집무가 아무리 바빠도 골프 연습과 게임을 위한 시간을 일정표에 넣으라고 비서진에게 명령했다.

1955년 9월 24일, 아이크는 심장발작으로 쓰러졌지만 특유의 뚝심으로 일어나 석 달 뒤인 12월 29일에 다시 골프 연습을 시작했을 정도로 골프광이었다. 1956년 2월 17일에는 다시 필드에 나갔고 1957년 11월 25일에 가벼운 발작이 있었을 때에도 일주일 만에 연습을 재개했다.

그렇게 자주 골프를 친 그는 스코어 공개를 꺼렸다. 한 번은 아주 실망스런 게임을 했는지 "앞으로 내 골프 실력이 좋아지지 않으면 아무도 내 골프 스코어를 묻지 못하게끔 법으로 만들어버릴 거야"라고 말한 적도 있다. 1964년 「골프 다이제스트」가 파악한 아이크의 실력은 싱글 수준이었다고 한다. 체리 힐스 골프장에서 77을 쳤고, 그가 가장 즐겨 찾았던 오거스타 골프장에서는 79를 칠 정도였다.

그와 경기를 해본 동반자들은 이렇게 증언한다.

"그는 전혀 대통령 같아 보이지 않았습니다. 그냥 소탈한 노인네처럼 보였답니다."

유명한 골퍼 아놀드 파머는 아이크를 이렇게 기억한다.

"대통령과 골프를 칠 때, 아무런 특별행사도 없었고 첫 티에서는 다들 하는 것처럼 골프공 4개를 던져서 가까운 공 두 개를 파트너로 정했습니다."

주로 오후에 이뤄진 그의 라운딩에는 주로 군 장성, 상·하원의원, 사업가, 미국을 방문한 고관들이 참여했고 가끔 부통령인 리처드 닉슨과 함께하기도 했다.

그는 급박한 일이 아니면 골프장에서는 절대 업무 얘기를 하지 못하도록 했다. 1964년 5월 펜실베이니아의 아드모어에서 있었던 자선 시합이 끝난 후 골프에 대해서 이렇게 말할 정도였다.

"이 게임이 없었다면 대체 나는 무얼 하면서 시간을 보냈을지 모르겠다. 나는 정말 골프를 좋아한다."

나이가 들어서 아이크는 골프 외에 즐기는 운동이 없었다. 낚시도 취미로 가지고 있었지만 골프에 미치지는 못했다.

아이젠하워의 리더십

자기 것을 모두 내놓는다

미국의 제34대 대통령에 당선된 아이크가 한 번은 전국 언론인 클럽에서 연설할 기회가 있었다. 그는 자기가 훌륭한 연설가가 못 되어 아쉽다는 말로 연설을 시작했다.

"이 자리에 서고 보니 문득 캔자스의 시골에서 보낸 어린 시절의 일이 떠오르는군요. 어느 늙은 농부가 젖소 한 마리를 갖고 있었는데 아버지는 그 젖소를 몹시 사고 싶어 했습니다. 어느 날 아버지는 저를 데리고 그 농부를 찾아갔습니다. 아버지는 농부에게 먼저 젖소의 혈통에 대해 물었지요. 그러자 농부는 젖소의 혈통이 뭔지 모른다고 했습니다. 그러자 아버지는 젖소의 유지방 성분에 대해서 물었습니다. 농부는 이번에도 유지방 성분이란 게 뭔지 전혀 모르겠다고 대답했지요. 그러자 아버지는 좀 난감한 표정으로 농부에게 젖소가 1년에 우유를 얼마나 생산하는지 아느냐고 물었습니다. 그건 마지막 질문이었지요. 이쯤 되자 늙은 농부는 몹시 당황했어요. 그는 고개를 저으면서 '그것 역시 모릅니다. 하지만 송아지 적부터 제가 키운 이 소는 정직한 늙은 젖소이므로 갖고 있는 젖을 다 선생에게 내주리라는 사실만은 분명히 알고 있답니다'라고 말했습니다."

여기까지 말한 아이크는 이렇게 연설을 맺었다.

"그렇습니다, 저도 그 소와 같습니다. 저도 여러분께 제가 가진 모든 것을 드리겠습니다."

Dwight David Eisenhower

아이크가 남긴 것

가장 정확한 의미에서 성경은 우리에게 있어서
영원한 영적 진리를 보관하고 있는 유일한 보고이다.

― 드와이트 D. 아이젠하워 ―

6장

Dwight David Eisenhower

부드러운 통합의 리더십

　　어느 날 아이크는 기자들에게 뛰어난 통솔력의 비결에 대한 질문을 받았다. 그는 그 질문을 예상했는지 대답 대신 책상 위에 풀어진 실꾸리를 늘어놓았다. 그는 웃으면서 질문한 사람에게 그것을 밀어보라고 했다. 헐렁하게 풀어진 실을 밀어보았자 그 실타래는 더 헝클어질 뿐이었다. 그러자 이번에는 아이크가 실의 끝을 잡고 앞으로 끌어당겼다. 실은 일직선으로 곧게 끌려갔다. 그가 말했다.

　　"통솔력은 앞에서 솔선수범하는 것이 비결입니다. 짐승을 사냥할 때는 뒤에서 몰아야 하지만 사람은 앞에서 인도해야 저절로 따라옵니다."

　　만년 소령이었던 아이크가 불과 5년이라는 짧은 시간에 연합군 총사령관이라는 5성 장군으로 변신할 수 있었던 원동력은 그의 리더십에 있음을 알아야 한다. 마셜이라는 뛰어난 후견인을 만난 행운으로 그는 그동안 자신 안에 잠재해 있던 능력을 화산처럼 뿜어내었다. 하지만 그는 시끄럽고 맹렬한 사람이 아니었다. 아이크는 조직을 활기 넘치고 효율적으로 만드는 하나의 리더십 모델을 제시했다. 그는 입안자, 조정자, 중재자로서 공보활동을 우선으로 삼았다.

아이크가 미국, 영국, 캐나다, 프랑스 등의 다국적 군대인 유럽연합군 총사령관의 직책을 성공적으로 완수하고 제2차 세계대전 최고의 영웅으로 떠오를 수 있었던 것은 그가 보여준 부드러운 통합의 리더십 덕분이었다. 그의 이러한 능력은 20세기 중반 인류 최대의 전쟁에서 연합군을 유지시킬 수 있었던 리더십의 정수였다.

아이크는 흔히 맥아더와 비교되곤 한다. 맥아더는 웨스트포인트를 수석으로 졸업하고 최연소 장군으로 승승장구하던 천재형 군인이었다. 아이크는 군사전략가로서 결코 맥아더의 상대가 되지는 못한다. 하지만 이미 보았듯이 군사·외교적인 면에서, 통합의 리더십을 발휘하는 데 있어 아이크와 맞수가 될 사람은 아무도 없었다.

아이크와 맥아더의 차이점은 루스벨트 대통령이 남긴 말에서 극명하게 드러난다.

"맥아더는 가슴이 무너져내릴 듯 불리한 상황에도 굴하지 않고 기적을 이루어내는 군사적 천재였다. 하지만 최고의 장군인 그는 정치가로서는 최악이었다."

　군사적 천재성을 자랑하는 맥아더는 그만큼 오만하고 고집이 셌으며 고집불통이었다. 그래서 루스벨트는 맥아더가 정치적으로는 성공하지 못할 것이란 것을 미리 내다보고 있었다.

　반면 아이크는 묵묵히 자기 일을 하면서 맥아더에게서 많은 것을 배웠다. 전쟁 사상 어느 누구도 제2차 세계대전 때의 아이젠하워 장군만큼 다양한 지휘관들을 거느려본 이는 없었다. 아이크는 패튼, 몽고메리, 브래들리 등 세계 전사에도 길이 빛날 장군들을 휘하에 거느리고 일사분란하게 전투에 임하게 했고, 확실한 승리를 거머쥐었다. 그는 부드러웠으나 때때로 엄격하고 냉혹하기까지 했다.

　그와 패튼과의 사이에서 있었던 일을 살펴보자. 앞에서 말했듯이 패튼은 아이크보다 선배였고 절친한 친구였으며 한때 아이크가 모시고자하는 마음까지 있던 장군이었다. 그는 아이크가 중령이었을 때 이미 별을 달았고, 아이크가 대령이었을 때에는 소장이 되어 있었다. 패튼이 누구인가? 그는 과단성 있고 불도저처럼 밀어붙이기를 좋아해 고집불통으로도 유명한 인사였다. 시간이 지나 그런 패튼을 휘하 장군으로 거느리게 되자 아이크는 특유의 리더십으로 상대를 리드해 나갔다.

　패튼은 유사시에는 기습전에 능하고 호랑이 같은 맹장이었지만 성격이 급하고 지나치게 다혈질적인 면이 많아서 동료 장군들은 물론 자기 휘하의 장병들과도 많은 문제를 일으키곤 했다. 한번은 전쟁을 치르는 와중에 패튼이 부하 장병을 구타한 사건이 일어났다. 이에 아이크는 패튼에게 엄중한 경고를 내리고 부하에게 사과할 것을 명령했으나 그는 따르지 않았다. 수차례 직접 편지를 써보냈지만 반성하는 기미도 없이 또 다른 구타사건을 일으킨 패튼을 보자 아이크는 그를 일선 지휘관에서 해임해 버렸다. 아이크는 서민적인 소탈함과 따뜻함을 지니고 있었지만 그러면서도 내면적으로 강인하고 과감한 군 지휘관이라는 두 개의 상반된 이미지를 지니고 있었다.

아이크가 가장 통제하기 힘든 인물은 영국 육군을 지휘하고 있던 몽고메리 장군이었다. 몽고메리는 아이크의 리더십에 계속 도전해왔다. 그는 능력과 자질을 고루 갖춘 영국군의 최고지휘관인 동시에 영국인들의 우상이었다. 영국인들은 색깔 있는 인물을 원했고, 몽고메리는 그들이 찾고 있던 상에 딱 맞았다. 그는 지휘자로서 병사들의 사기를 매우 높이 고양시킬 수 있는 사람이었다. 실로 독단적 성향이 짙은 몽고메리를 어떤 팀의 구성원에 포함시킨다는 것은, 지휘관의 인내력과 포용력에 대한 실험이었다.

몽고메리는 까다롭고, 따지기를 좋아하며, 반대를 잘하는 사람으로 악명 높았다. 그러나 아이크는 최고사령관의 지위를 이용해 자신의 계획에 사사건건 반대하고 나서는 몽고메리를 내리누르는 대신 대화를 통해서 설득한 끝에 결국 그의 동의를 얻는 데 성공했다. 중요한 것은 몽고메리가 스스로의 관점에서 아이크의 계획에 동의하게 만들었다는 점이다. 그 결과 아이크는 원래의 계획대로 병력을 증강해 나갈 수 있었고 신속한 선제공격을 감행할 수 있게 되어 대부분의 작전에서 성공을 거둘 수 있었다.

몽고메리는 제2차 세계대전이 끝날 무렵 아이크에 대해 이렇게 말했다.

"나는 부리기 쉬운 부하는 아니라고 생각한다. 내 방식대로 하고 싶어 하기 때문이다."

독일군을 격퇴한다는 본질적 목적이 연합군을 결속시켰지만 연합군 총사령관으로서 그에게는 그 이상의 것이 요구되었다. 아이크는 4년 동안 패배와 후퇴로 찌든 영국인들에게 신선한 변화의 바람을 몰고 왔다. 처음에 많은 영국인들은 그가 연합군의 지휘권을 쥐게 된 것을 부당하게 여기기까지 했지만 이는 명백히 그에게 부여된 임무였다. 이 일은 그의 리더십을 요구했고, 만약 연합군이 분열되었더라면 확실한 책임을 물어야 했을 것이다. 아이크의 리더십의 결정판은 영국의 몽고메리와 미국의 조지 패튼이 서로 협조하게 만든 것이었다. 스스로를 프랑스의 자존심이 구현된 인격체라고 생각한 샤를르 드 골 또한 아이크를 신뢰했다. 이렇게 되자 누구도 아이크의 리더십을 의심하지 않았다.

아이크의 성공 비결은 단순하고 명쾌한 생활태도에 있으며, 솔직하고 담백하면서 소탈한 대인관계, 탁월한 균형감각에 있었다. 아이크의 탁월한 균형감각은 자신의 저서 『새로운 미국인상의 필요성』에서 밝힌 다음과 같은 신념에서 기인한 것이라고 할 수 있다.

> 민주주의는 위기에 처했을 때 민주 시민의 대다수가 내리는 결정은 대체로 정확하다는 전제에 입각하고 있다. 그리고 설령 결정이 잘못되었더라도 그 대다수가 길을 바로잡는 방법은 남아 있다.

이러한 신조를 바탕으로 한 단순하고 명쾌한 그의 생활태도는 강한 집중력을 가능케 했고, 이런 상사의 뜻은 부하들에게 명확하게 전달되었다. 아이크는 위기가 닥칠수록 복잡한 것을 단순화하여 어려운 문제를 쉽게 해결하곤 했다. 그는 또 대인관계에서 지나치리만치 솔직했다. 아이크의 전기를 쓴 작가 존 건서John Gunther는 아이크의 솔직함에 대해 이렇게 말한다.

"그는 공식적이 아닌 회담에서는 옆 사람이 아슬아슬할 정도로 자기가 생각하고 있는 것을 솔직히 말해버리는 버릇이 있다."

아이크의 이런 솔직한 성격은 그를 신뢰할 만한 사람으로 만들어주었다. 지나치게 솔직하게 말하다가 낭패를 볼 수도 있는 법이지만, 이때는 그의 균형감각이 위험을 막아주었다.

아이크가 좋아하며 자주 인용하는 격언은 벤저민 프랭클린의 다음과 같은 말이었다.

"모두가 줄을 함께 잡아당기지 않았다가는(단결하지 않았다가는) 한 사람씩 떨어져서 줄에 매달리게 돼!"

아이크는 지도자가 가져야 할 최상의 덕목에 대해서 이렇게 말한 바 있다.

"지도자가 사람을 얻기 위해서는 신뢰감이 있어야 합니다. 지도자가 가져야 할 최상의 자질은 진정성입니다. 그가 어느 곳에 있든, 그곳이 폭력집단이든, 축구장이든, 군대든, 회사든 간에 진정성 없이는 성공을 이룰 수 없습니다. 지도자는 말과 행동이 일치해야 합니다. 지도자에게 가장 필요한 것은 일관된 진정성과 원대한 목표입니다."

아이크의 부드러운 통합의 리더십이 없었다면 제2차 세계대전의 승리는 그처럼 손쉽게 얻어지지 못했을 것이고 대통령 아이젠하워도 탄생하지 못했을 것이다.

Dwight David Eisenhower

집권 8년 동안의 업적

아이크의 리더십은 대통령이 되어서도 그대로 이어졌다. 그는 여전히 앞에 나서기보다는 조정자로서의 입장을 고수하며 통합의 리더십을 발휘했다. 아이크가 집권한 8년 동안 미국 경제는 전례가 없는 호황을 누렸다. 국민총생산$_{GNP}$이 25퍼센트나 증가했으며, 가계 평균 수입도 15퍼센트나 높아졌다. 그 결과 미국은 더욱 강력한 리더십을 발휘하는 초강대국으로서의 면모를 유감없이 발휘하게 되었다. 국내적으로는 거의 모든 가정이 자가용을 갖는 마이카 시대를 열었다. 또한 대부분의 가정에 텔레비전이 보급되었고 다섯 가정 가운데 세 가정이 자기 집을 소유했다.

경제성장에 의한 미국인들의 자신감이 1950년대 정치안정에 활력소가 되었다. 지식인들 사이에도 경쟁적인 자본주의 성장과 가치관에 대해 폭넓은 합의가 이루어져 미국사회가 전진하고 있다는 확신이 생겨났다. 미국의 번영은 자본주의에 대한 회의를 말끔히 씻어주었고 공산주의에 대한 도전에 맞서 용기 있게 싸울 수 있었다.

아이크는 동서냉전체제를 이끌어가면서 군비경쟁은 피한 반면 소련의 확장정책에는 정면 대응했다. 대통령으로서 아이크가 세계평화와 국가안보를 위해 해야 할 일은 무엇보다도 냉전 속에서 소련의 군사침공에 대한 대응을 준비하는 것이었다.

그는 인류가 직면한 핵무기의 위협이 인류절멸을 가져올 것이라는 것을 잘 이해하고 있었다. 그리고 소련이 핵전쟁을 먼저 감행할 것이라고 생각하지 않았고 소련보다 미국의 군사력이 강하다는 사실에 아무런 의구심도 없었다. 그러나 일부 소련 지도자들의 계산착오와 무모한 행동의 가능성을 배제할 수는 없었다.

그는 우방의 결속을 다졌고, 원자력의 평화적 이용을 제안했으며 1953년 12월, 유엔 총회에서 '원자력의 평화적 이용Atomes for Peace'을 제창했다. 이로써 원자력은 군사목적이 아닌 평화적인 에너지원으로 발돋움하게 되었다. 1957년 7월 29일, 국제원자력기구IAEA, International Atomic Energy Agency가 정식으로 발족했고 선진 각국이 원자력을 평화적으로 이용하기 위한 연구개발에 주력함으로써 인류의 번영과 발전에 크게 이바지하게 되었다. 주요 분야로는 질병의 진단과 치료, 농작물의 품종개량, 식품보존, 공업제품의 비파괴 검사 등 의학, 농업 및 공업 각 분야에서 폭넓게 활용되고 있다.

1957년 10월 4일, 소련이 스푸트니크 인공위성 발사에 성공했다. 우주시대의 개막을 알린 이 사건이 미국을 발칵 뒤집어 놓았다. 20세기 들어 세계 최강국의 자부심을 키워오던 미국인들은 엄청난 열등감을 느껴야 했다. 미국 언론은 머지않아 소련이 궤도상에 무기를 올려놓고 미국 본토를 공격할 수 있을 것이라고 떠들어댔다. 이에 자극받은 아이크는 우주개발에 박차를 가할 것을 지시했다. 1958년 7월, 미국은 국가항공우주법The National Aeronautics and Space Act을 통과시키고 국가항공우주국NASA을 창설했다. 그 결과 미국은 1958년 1월 31일, 소형 과학위성인 익스플로러 1호를 우주궤도에 올려놓는 데 성공했고, 10년이 지나지 않아서 소련을 추월하고 달에 인류의 첫 발자국을 찍게 했다.

아이젠하워는 흑백갈등과 관련해 연방군 파견 등에 단호하게 맞서 흑인들의 민권보호에도 앞장섰다. 그는 미국 사상 최대의 공공사업비를 투입해 고속도로를 건설하여 미국 전역을 연결함으로써 엄청난 생활의 변화를 가져왔다. 고속도로 건설로 인해서 미국인들은 도시에서는 물론 교외에서도 보다 용이하게 물품을 구입할 수 있게 되어 생활권이 광역화되기 시작했다.

자동차는 '포디즘Fordism'이라 불리는 양산체제를 통해서 20세기의 역사를 바꾸어 놓았다. 1910년대 중반에 이미 포드 생산라인의 노동자들 넉 달치 월급이면 자기가 생산한 차 한 대를 살 수 있었지만 미국은 포장되지 않은 길이 많아서 자동차 대중화가 늦어지고 있었다.

아이크는 세계대전 중 독일의 도로를 보고 독일군의 기동능력이 뛰어난 것은 도로 때문이었다는 사실을 깨달았다. 그래서 세계대전이 끝나고 대통령이 된 아이크는 미국 전역을 연결하는 고속도로를 건설하기로 마음먹는다. 도로건설계획이 마련되고, 연방정부가 이 작업에 재원을 보조하는 법이 통과되었다. 이로써 미국의 주간(Interstate) 고속도로가 동부에서 서부, 북부에서 남부를 잇기 시작했고 자동차 여행이 늘면서 고속도로를 따라 '하워드 존슨'이나 '홀리데이 인'과 같은 모텔 체인이 생겨났다.

몇 사람 살지 않는 마을에도 여행자를 상대로 한 식당체인이 생겨났다. 맥도날드나 데니스도 모두 여기에 속한다. 미국의 대표적인 모텔과 식당 체인이 생겨나거나 급성장한 것이 1950년대 이후라는 사실은 의미심장하다. 이제 제대로 된 자동차 여행이 시작되었고 미국 사람들은 세계 최고의 부자나라의 국민이 된 즐거움을 만끽할 수 있게 된 것이다.

그의 집권기간 동안 일반 가정에 널리 보급된 텔레비전을 통해서 정치 광고와 청문회 중계 등 TV정치시대가 가속화되었다. 텔레비전의 대량보급은 미국사회를 근본적으로 변화시키기 시작했다. 텔레비전을 통해 미국은 자금의 부를 가시적인 것으로 만들었고 그것을 전 세계에 전파해 나갔다.

아이크는 미국 경영자 협회의 경제동원회의에서의 연설 중에서 이런 말을 했다.

"우리 경제는 절대로 연방준비은행 제도나 재무성이나 국회나 백악관이 움직이는 것이 아닙니다. 이 나라의 4천 3백만 세대의 1억 7천 4백만 명 한 사람 한 사람의 생각과 행동이 이 나라의 경제를 움직입니다. 우리의 경제는 국민이 매일매일 생산, 저축, 투자, 소비에 대해 내리는 수백만 건의 결심과 결정의 결과입니다."

아이크는 8년간의 재임기간 동안 미국이 세계에서 가장 부유한 나라가 되는 것을 공고히 했다. 그는 백악관에 들어갈 때와 다름없는 인기를 안고 백악관을 떠난 극소수의 대통령 중 하나였다. 그의 이러한 행운은 경건한 신앙 덕분이 아니었을까? 그의 러닝메이트였던 리처드 닉슨은 아이크가 이런 조언을 했다고 회고하기도 했다.

"1960년 선거운동 시작 전에 아이젠하워 대통령은 나에게 이런 제안을 했었지요. '만일 자네가 하나님에 대한 언급 횟수를 연설 중에 늘린다면 무엇보다 효과적일 걸세' 라고 말이죠. 그가 지적한 것은 미국이 기독교 국가이며 유권자들은 성경을 인용하고 자신들과 신앙을 공유하는 모습을 보이는 후보에게 보다 친밀감을 느낄 것이란 뜻이었지요."

아이크는 두 번째 대통령 임기를 마치고 펜실베이니아 게티즈버그 농장에서 은퇴생활을 했다. 그는 군인 출신 대통령인데도 재임 중 국제평화의 전도사로서 냉전해소와 세계평화 달성을 위해 많은 노력을 기울였다. 아이크 시대의 표어는 평화와 번영Peace and Prosperity이었다.

1953년 4월 16일, 아이크는 미국 신문편집자협회에서 평화를 위한 기회The Chance for Peace라는 연설에서 다음과 같은 유명한 말을 남기기도 했다.

"진실한 기준은 단순합니다. 행동으로 증명하지 않고서는 설득할 수 없습니다. 우리는 모든 정직한 평화의 행동을 환영합니다. 우리는 단순히 듣기 좋은 말에는 관심이 없습니다. 우리는 행동으로 증명할 수 있는 평화적인 목적의 진지함에만 관심을 갖고 있습니다."

Dwight David Eisenhower

국가조찬기도회

아이크는 조직을 활기 넘치고 효율적으로 만드는 데 뛰어난 리더십을 발휘한 리더십의 명수였다. 그런 그는 신앙생활에서도 자신의 능력을 발휘했다. 대통령의 자리에 오른 그는 국가 정치를 바로 세우기 위해 기도의 힘을 빌리기로 했다. 그가 내각회의 시작 전에 반드시 기도를 했던 일화는 유명하다.

1952년, 대통령에 당선된 직후 아이크는 참모들을 불러놓고 기도회를 열었다. 그는 대통령직을 수행하면서 하나님 정치, 기독교 정치를 실현하고 싶었다. 그리고 기도를 하면서 하나님께 반드시 선의와 평화와 우애가 넘치는 사랑의 정치를 펴나갈 수 있게 되기를 간절히 빌었다. 이 기도회는 다음 해 '국가조찬기도회'라는 명칭을 얻었고 빌리 그레이엄 목사와 프랭크 칼슨 전 상원의원 등이 설립 멤버가 되어 매년 2월 첫 주 목요일에 개최하도록 했으며, 전·현직 미국 대통령들이 참석하는 것이 관례가 되었다. 이것이 미국 국가조찬기도회의 출발이었다. 아이크는 이 기도회에서 '하나님 아래 한 나라One nation under God' 란 기도를 함으로써 기독교 정치를 펼칠 의지를 천명하기도 했다. 국가조찬기도회는 아이크 이후 미국의 역대 대통령이 모두 참석하는 것이 관례가 되었다.

1985년 이 모임에서 로널드 레이건 대통령은 아이크가 1952년 대통령 선거 중 프랭크 칼슨 의원과 나눈 대화를 이야기하며 이렇게 아이크를 추억하기도 했다.

"아이크는 칼슨 상원의원에게 유럽에서 연합군을 지휘할 때 느낀 자신의 영적 경험을 털어놓았던 적이 있어요. 그는 하나님이 함께하심과 그의 인도하시는 손길을 느꼈으며, 노르망디 상륙 며칠 전부터 자신의 친구들로부터 공급되어 오는 영적인 힘에 대해서 이야기하였답니다."

이처럼 국가조찬기도회는 후임 대통령들이 아이크를 추억하는 모임이 되기도 했다. 제44대 미국 대통령으로 당선된 오바마 대통령은 국가조찬기도회에 참석한 자리에서 "오랜 전통을 이어나가게 된 것을 영광으로 느낀다"고 소감을 밝히기도 했다.

1953년 첫 모임을 가진 이후 국가조찬기도회는 각계각층의 사람들이 모여서 기도하는 전국적 모임이 되었는데, 사회 구성원들이 직능별로 모여서 사단법인 국가조찬기도회를 만들었다. 그 뒤 대외적으로 가지를 뻗어서 한국을 비롯해 유럽 여러 나라와 호주, 일본 등 세계 30개국으로 번져나갔다. 한국에서는 1966년 3월, 김준곤 목사가 당시 집권당 의장인 김종필 공화당 의장, 김영삼 민중당 원내총무, 김활란 박사, 노기남 대주교 등을 초청해 국가조찬기도회를 시작했다.

거의 60년에 가까운 긴 역사를 가진 미국 국가조찬기도회는 매년 3,700명 정도가 모이는데, 이는 세계에서 가장 큰 규모다. 그 다음은 40년이라는 역사를 자랑하는 우리나라로 3천여 명이 모인다. 국가조찬기도회는 미국과 한국이 양 축을 이루고 있는데, 미국은 유럽 쪽을 관장하고 한국은 아시아와 아프리카 지역을 관장한다. 한국 국가조찬기도회의 노력으로 일본과 러시아에 국가조찬기도회가 만들어지기도 했다.

Dwight David Eisenhower

하나님을 만날 준비

1969년 3월 아이크는 월터리드Walter Reed 육군병원에 입원해야 했다. 이젠 지병이 되다시피한 심장에 다시 이상이 생긴 것이었다. 그는 빌리 그레이엄 목사를 불렀다. 그레이엄 목사는 곧 그를 찾아 왔다.

"목사님 와주셔서 고맙습니다. 이제 마음이 편안해지는군요."

아이크는 안도의 한숨 같은 것을 내쉬었다. 두 사람은 30여 분 동안 대화를 나누었다.

그레이엄 목사는 아이크가 피곤해하는 기색이 역력해서 자리를 떠나려고 목례를 했다. 그러자 아이크는 손을 내저으며 말했다.

"목사님, 조금만 더 계셔주시지요."

"피곤하신 것 같은데, 무슨 더 하실 말씀이라도……?"

그러자 아이크가 말했다.

"나는 이제 이 세상을 떠나야 할 것을 압니다. 그런데 아직 하나님을 만날 확신이 없으니 어쩌지요? 좀 도와주세요."

일세를 풍미한 거인의 입에서 나온 너무도 인간적이고 솔직한 말에 그레이엄 목사는 빙긋이 웃으며 대답했다.

"죄 사함과 구원을 얻고 하나님의 자녀가 되는 길은 오직 예수 그리스도께서 우리를 위해 고난받으시고 십자가에 매달리시어 죽으시고 부활하신 것을 믿기만 하면 됩니다. 다른 것은 아무것도 필요없습니다."

그리고 그레이엄 목사는 아이크의 손을 잡고 기도했다. 그때 아이크는 눈물을 흘리면서 말했다.

"그렇군요, 목사님. 이제야 비로소 하나님을 만날 준비가 되었습니다. 고맙습니다."

1969년 3월 28일, 아이크는 기쁜 마음을 간직한 가운데 조용히 숨을 거두었다. 그는 숨을 거두기 직전 "나는 항상 나의 아내와 나의 자녀들, 나의 손자손녀들 그리고 나의 조국을 사랑했다"라는 말을 마지막으로 남겼다.

아이크가 하나님의 부르심을 받았을 때 미국 전역에서는 추도예배가 열렸다. 합창단과 모인 사람들이 찬송가를 불렀으며, 성경이 봉독되었고, 기도를 드렸으며, 사도신경이 낭독되었다.

워싱턴에서 열린 추도예배에는 많은 국가의 지도자들이 참석했고, 그 광경이 텔레비전으로 중계되어 미국 국민들 모두가 지켜볼 수 있었다. 사람들은 그의 관이 대통령이 사망했을 때 사용할 수 있는 고급스러운 관이 아니라는 것을 보고 놀랐다. 그의 관은 그의 유언에 따라 사병이 죽었을 때 사용하는 평범한 관이었다. 평소에 겸손하던 그의 모습이 죽음 속에서도 잘 드러난 것이다.

아이젠하워의 리더십

▶ 아이젠하워 부부. 드와이트와 마미가 그들의 결혼식에서 함께 포즈를 취하고 있다(1916년 7월 1일).

하나님을 따라 움직인다

아이크는 대통령직을 수행하는 동안 줄곧 그의 부인과 아이들을 데리고 '워싱턴 장로교회The Washington Presbyterian Church'에 나가 예배를 드렸다. 아이크는 대통령이 된 후 세계 정상들과 만날 때에도 주일을 꼭 지켰다. 실제로 아이크는 소련 수상 후르시초프가 방문하여 정상회담을 할 때에도 주일에는 일정을 비워두곤 했다.

1959년 9월 27일 주일이었다. 아이크는 후르시초프에게 전화를 걸었다.

"오늘은 주일이니 나와 함께 교회에 갑시다."

그러나 후르시초프는 그것을 거절했다.

"그럼, 1시간 반만 기다려주시오. 나는 교회를 다녀와야 하니까."

6장 | 아이크가 남긴 것 237

아이크는 예배를 마치고 후르시초프를 만났다. 아이크가 후르시초프에게 물었다.
"1시간 반 동안 무엇을 하셨습니까?"
그러자 후르시초프가 퉁명스럽게 대답했다.
"내가 먼 길을 찾아왔는데도 불구하고 교회에 가야 할 당신의 핑계가 무엇일지 생각했소."
"핑곗거리 같은 것은 없습니다. 다만 나의 신앙을 따라 움직일 뿐이지요."

아이젠하워 연보

1890년	10월 14일, 텍사스의 테니슨에서 출생
1915년	미 육군사관학교 졸업
1930년	필리핀에 주둔하고 있는 맥아더 장군의 보좌관으로 복무
1941년	12월 7일, 대령진급
1943년	12월, 루스벨트 대통령이 아이젠하워를 유럽전선연합군 총사령관에 임명
1944년	6월 6일, 노르망디 상륙작전
1951년	북대서양조약기구(NATO)의 총사령관으로 통일방위군 설치
1952년	11월, 공화당 대통령이 됨
1952년	12월, 한국 전쟁의 휴전을 이끌어냄
1955년	9월, 콜로라도 주에서 휴가를 보내는 동안 심장병에 걸림
1956년	주간 고속도로 체계(Interstate Highway System)을 건설하는 법안 승인
1957년	시민헌법 승인. 아이젠하워 독트린 승인
1969년	3월 28일, 심장병으로 사망